MARABOUT *PRATIQUES*

Afin de vous informer de toutes ses publications, **marabout** édite des catalogues régulièrement mis à jour. Vous pouvez les obtenir gracieusement auprès de votre libraire habituel.

Laurent BATSCH

Tests de comptabilité

140 questions, 140 réponses

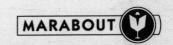

Du même auteur chez Marabout :

ABC de la comptabilité, n° 1918.

© 1995, **Marabout**, Alleur (Belgique).

Toute reproduction d'un extrait quelconque de ce livre par quelque procédé que ce soit, et notamment par photocopie ou microfilm, est interdite sans autorisation écrite de l'éditeur.

SOMMAIRE

Présentation 7

Étape I
La méthode comptable 9

Étape II
Lire le bilan 31

Étape III
Lire le résultat 49

Étape IV
Enregistrer des opérations simples 75

Étape V
Clore les comptes en fin d'exercice 93

Étape VI
Approfondissement... 133

Étape VII
Perfectionnement... 149

Index 171

PRÉSENTATION

Ce livre s'adresse à des lecteurs de différents niveaux en comptabilité. Les tests qu'il propose seront utiles à toute personne en formation, ainsi qu'à tout professionnel qui souhaite s'assurer de la connaissance des notions essentielles de la comptabilité générale.

▶ C'est donc un **livre d'entraînement** pour celles et ceux qui sont en train d'apprendre, ainsi qu'un **livre de révision** pour celles et ceux qui craignent d'avoir oublié...

▶ C'est aussi un **guide pratique** pour celles et ceux qui rencontrent une difficulté (par exemple, d'où peut provenir un impôt négatif ?) : un **index** en fin d'ouvrage facilite la recherche.

▶ C'est enfin un **livre de jeu** (pourquoi pas ?) pour les passionnés de la compta...

Les questions sont regroupées en **7 étapes de 20 questions** qui s'efforcent de suivre une progression, mais il n'est pas nécessaire de traiter les questions dans l'ordre. Que chacun progresse à son rythme...

Naturellement, chaque question est accompagnée de sa réponse, mais il est recommandé de formuler les réponses crayon en main et de prendre le temps de chercher avant de consulter la solution ...

Attention, des « pièges » ont été glissés, ainsi que des formulations volontairement erronées, parfois même saugrenues.

Pour vous aider, chaque question est précédée d'une case ☐ que vous pourrez cocher quand vous serez sûr de connaître la réponse. Vous pourrez donc laisser une question en suspens, sans craindre de l'oublier, et vous isolerez progressivement les questions qui vous paraissent les plus délicates.

De plus, **7 applications avec leur corrigé** vous sont proposées ; elles prolongent les questions traitées dans les premières étapes.

Bon travail !

ÉTAPE I

LA MÉTHODE COMPTABLE

ÉTAPE I

LA MÉTHODE COMPTABLE

QUESTIONS

☐ **1.** L'actif du bilan représente-t-il le patrimoine de l'entreprise ?

☐ **2.** Quelles sont les deux « formes » du résultat ? Comment passe-t-on de l'une à l'autre ?

☐ **3.** Quelles sont les grandes catégories de ressources dont dispose l'entreprise ?

☐ **4.** Le principe de la partie double signifie-t-il que toute opération s'inscrit nécessairement dans deux comptes et dans deux seulement ?

☐ **5.** Rappelez les classes de comptes de bilan et de comptes de résultat.

☐ **6.** Précisez la différence entre une immobilisation et une charge.

☐ **7.** Proposez deux exemples d'écritures qui affectent deux postes de l'actif sans modifier le total du bilan.

☐ **8.** Proposez deux exemples d'écritures qui diminuent simultanément l'actif et le passif.

☐ **9.** Proposez deux exemples d'écritures qui augmentent simultanément l'actif et le passif.

☐ **10.** Débit est-il toujours synonyme de diminution et crédit est-il toujours synonyme d'augmentation ?

☐ **11.** Indiquez de quel côté augmente et diminue tout compte d'actif, tout compte de passif, tout compte de charges, tout compte de produits.

☐ **12.** Peut-on avoir un résultat négatif et une trésorerie positive ?

☐ **13.** Peut-on avoir un résultat positif et une trésorerie négative ?

☐ **14.** Définissez le principe du nominalisme (ou coût historique), le principe d'indépendance des exercices, ainsi que le principe de prudence.

☐ **15.** Une acquisition d'immobilisation affecte-t-elle le résultat en plus ou en moins ? Même question pour un emprunt, puis pour un remboursement d'emprunt.

☐ **16.** Le client A règle sa dette de 1 000 à l'entreprise E en lui transférant la propriété d'une créance de même montant qu'il détient sur l'un de ses propres clients, B. Enregistrez l'opération au journal, dans l'entreprise E d'une part, chez le client A lui-même d'autre part.

☐ **17.** Quels sont les documents de synthèse ?

☐ **18.** Quels sont les différents livres qu'une société doit tenir ?

☐ **19.** Une société de personnes est-elle tenue de publier ses comptes ?

☐ **20.** Le recours à un expert-comptable est-il une obligation légale ? Les commissaires aux comptes doivent-ils certifier les comptes des SARL ?

ÉTAPE 1

LA MÉTHODE COMPTABLE

RÉPONSES

1. L'actif du bilan représente les « avoirs » de l'entreprise, mais pas son patrimoine. Celui-ci s'entend comme la différence entre la valeur des avoirs et celle des dettes. En effet, en cas de liquidation de l'entreprise, une partie des avoirs ne servirait qu'à rembourser les dettes.

$$\text{Patrimoine} = \text{Actif} - \text{Dettes}$$

2. Le résultat est d'abord le document de synthèse dans lequel les charges et produits apparaissent comme des postes. Le résultat est aussi un compte de passif (compte 12) fonctionnant comme n'importe quel autre compte. En fin d'exercice, les charges et produits sont virés (et soldés) dans le compte 12, selon le schéma suivant.

C'est par cette opération que les comptes de résultat sont « remis à zéro » en fin d'exercice.

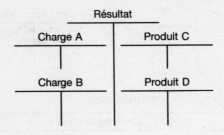

3. On peut dire que l'entreprise dispose de 3 grands types de ressources : une ressource d'origine interne (la capacité d'autofinancement) et deux ressources d'origine externe (les apports de capitaux et les dettes). Les apports en capital et le résultat ont en commun d'appartenir « en propre » à l'entreprise : ils forment les capitaux propres.

4. En partie double, toute opération donne lieu à l'enregistrement à gauche d'un ou plusieurs comptes et à droite d'un ou plusieurs comptes, pour un même montant. L'égalité numérique « gauche=droite » ne signifie pas que deux comptes seulement sont imputés.

Exemple d'opération à plusieurs comptes : achat de marchandises, 1 000 F, payées 600 F comptant le solde à crédit.

En supposant qu'il n'existe pas de TVA, trois comptes seront concernés :

Achat	Disponibilités
1 000	600

Dette fournisseur
400

5. Les classes de comptes sont :

Classe 1	Bilan	Comptes de capitaux
Classe 2	Bilan	Comptes d'immobilisations
Classe 3	Bilan	Comptes de stocks
Classe 4	Bilan	Comptes de tiers
Classe 5	Bilan	Comptes financiers
Classe 6	Résultat	Comptes de charges
Classe 7	Résultat	Comptes de produits

6. Une *immobilisation* désigne un investissement durable et conservant une valeur vénale (sur les « marchés d'occasion ») : c'est un des actifs de l'entreprise, acquis dans le but de servir à plusieurs cycles d'exploitation. Une immobilisation est constitutive du patrimoine de l'entreprise et son acquisition ne modifie pas le résultat.

En revanche, une *charge* est une consommation, une matière ou un service détruit au cours du cycle d'exploitation et dont la valeur ne se retrouve que sous une forme transformée (dans le produit fini s'il s'agit d'une matière, par exemple). La charge n'a ni durée dans l'entreprise, ni valeur vénale. Elle affecte le résultat à la baisse.

7. Exemples d'écritures qui affectent deux postes de l'actif sans modifier le total du bilan.

L'entreprise acquiert des valeurs mobilières de placement, réglées au comptant, pour 1 000 F.

Valeurs mobilières		Disponibilités	
1 000			1 000

Un client règle l'entreprise : 2 400 F.

Clients		Disponibilités	
	2 400	2 400	

8. Exemples d'écritures qui diminuent simultanément l'actif et le passif.

L'entreprise paye une année d'amortissement d'emprunt : 10 000 F.

Disponibilités		Emprunt	
	10 000	10 000	

L'entreprise règle un fournisseur : 800 F.

Disponibilités		Fournisseurs	
	800	800	

9. Exemples d'écritures qui augmentent simultanément l'actif et le passif.

L'entreprise augmente son capital : 500 000 F.

Disponibilités		Capital	
500 000			500 000

L'entreprise rachète un fonds de commerce payable à 60 jours.

Fonds de commerce		Dette	
150 000			150 000

10. Non ! Attention au piège des mots. Le terme de « débit » suggère l'idée de diminution, tandis que celui de « crédit » peut induire l'idée d'une augmentation. Mais, ces deux associations d'idées ne sont justes que pour les comptes de passif d'une part, de produits d'autre part, qui augmentent au crédit et diminuent au débit. A l'inverse, les comptes d'actif ainsi que les comptes de charges augmentent au débit et diminuent au crédit. Il est donc prudent de ne pas se fier à l'étymologie des mots débit et crédit pour interpréter le sens d'imputation des différents comptes.

11. On peut schématiser ainsi le fonctionnement d'un compte typique d'actif, de passif, de charges ou de produits :

BILAN

Actif		Passif	
Débit	Crédit	Débit	Crédit
+	−	−	+

RÉSULTAT

Charges		Produits	
Débit	Crédit	Débit	Crédit
+	−	−	+

12. Une entreprise peut présenter un résultat négatif et une trésorerie positive. Ce peut être le cas par exemple à la création de l'entreprise, alors que l'activité commence seulement à monter en puissance.

BILAN

ACTIF		PASSIF	
Immobilisations	50 000	Capital	50 000
Stocks	10 000	Perte	-10 000
Créances	8 000	Emprunts	30 000
Disponibilités	7 000	Fournisseurs	5 000
Total	75 000	Total	75 000

13. Une entreprise peut présenter un résultat positif et une trésorerie négative. Ce cas concerne notamment les sociétés amenées à consentir des délais de crédit importants.

BILAN

ACTIF		PASSIF	
Immobilisations	50 000	Capital	50 000
Stocks	15 000	Bénéfice	10 000
Créances	28 000	Emprunts	20 000
Disponibilités	7 000	Fournisseurs	5 000
		Découverts bancaires	15 000
Total	100 000	Total	100 000

14. Ces trois principes président à l'élaboration du plan comptable général.

Le principe de *coût historique* consiste à enregistrer les opérations au coût correspondant à la date de l'opération. En particulier, cela entraîne que les immobilisations figurent en montant brut pour leur valeur d'achat, non pour leur valeur actuelle. De sorte que ni l'érosion monétaire, ni les variations de valeur particulières à chaque poste (plus-value immobilière latente, ou dépréciation accélérée par obsolescence par exemple) ne sont pris en compte. Il est possible de procéder à des réévaluations, mais elles restent exceptionnelles.

Le principe *d'indépendance des exercices* est destiné à isoler les opérations propres au résultat de chaque période et à limiter le risque qu'une même opération soit comptée sur deux exercices ou dans aucun... En outre, ce principe rend les résultats plus facilement comparables. Il convient donc d'imputer aux comptes de l'exercice toutes les opérations le concernant, mais rien que ces opérations. Ce principe est à l'origine de plusieurs écritures de régularisation en fin d'exercice (cf. étape V).

Le *principe de prudence* vise à prémunir l'entreprise contre toute surestimation de son patrimoine. Il implique donc d'enregistrer dans les comptes tout risque de perte (sur la base d'une évaluation), mais d'ignorer toute probabilité de gain. La fonction des « provisions » est de soustraire du résultat les montants dont la perte est probable, non encore certaine.

Constituer une provision, c'est « mettre de côté » une partie du résultat en vue de faire face à un risque.

Exemple. Une valeur mobilière de placement (action, obligation...) acquise 5 000 F a vu son cours augmenter et atteint 6 000 F en fin d'exercice : le gain latent n'est pas enregistré. Si la même action avait baissé à moins de 5 000 F, la perte latente aurait donné matière à enregistrement d'une provision.

15. Une acquisition d'immobilisation modifie la composition des actifs de l'entreprise : celle-ci possédera moins de disponibilités et davantage de machines ou d'installations. Aucun compte affectant le résultat n'est donc imputé à l'occasion d'une acquisition d'immobilisation et le résultat ne s'en trouve affecté ni en plus ni en moins.

Un emprunt augmente simultanément les dettes et les disponibilités ; il ne modifie donc aucun compte de résultat. Il en est de même du remboursement d'emprunt qui se traduit par la diminution des disponibilités et des dettes financières, sans incidence sur le résultat.

En revanche, les intérêts payés en rémunération de l'emprunt constituent une charge et viennent donc diminuer le résultat.

16. Au journal de l'entreprise E : la créance sur A est éteinte par la naissance d'une créance sur B. Une créance se substitue à une autre.

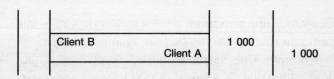

Au journal du client A : la dette envers E est éteinte par la cession de la créance sur B. La dette et la créance disparaissent simultanément.

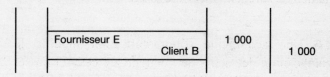

17. Il existe trois documents de synthèse : le bilan, le résultat et l'annexe. Celle-ci regroupe des informations détaillées utiles à la lecture du bilan et du résultat, ainsi que des informations complémentaires. Elle permet de prendre connaissance en particulier des immobilisations acquises et cédées, de leur niveau d'amortissement, de l'état des provisions, de la répartition des créances et dettes par échéance, etc.

18. Une société doit tenir plusieurs livres :
- le *livre-journal* enregistre les opérations au jour le jour ;
- ces opérations sont reportées sur le *grand livre des comptes* ;
- périodiquement, au moins une fois par an, les comptes sont soldés pour établir le résultat et le bilan, qui figurent dans le *livre d'inventaire*.

Avec l'informatisation de la comptabilité, la saisie des opérations permet un report automatique dans les différents livres. Cependant, les logiciels doivent être conçus de manière à interdire tout « raturage » d'écritures ou « destruction » de pages des journaux.

19. Les sociétés de capitaux (SARL, EURL, SA) sont tenues de publier (rendre publics) leurs comptes, par dépôt en double exemplaire auprès du greffe du tribunal de commerce de leur siège social. Il en est désormais de même pour les sociétés de personnes dont les associés sont des sociétés de capitaux : c'est le cas des SNC dont les associés sont des SARL ou SA. Toutes les autres sociétés ne sont pas tenues à publication, mais seulement à communication à l'administration fiscale.

20. Le recours à un expert-comptable n'est pas une obligation légale, pour aucune société. Il est utile pour des sociétés ne disposant pas de comptable expérimenté, ou souhaitant « optimiser » leurs charges fiscales. Il importe de préciser que l'intervention des experts-comptables n'engage pas ceux-ci financièrement en cas de redressement fiscal, par exemple.

L'intervention d'un commissaire aux comptes est obligatoire pour et seulement pour les sociétés anonymes. A la différence de l'expertise, l'intervention du commissaire vaut certification de la bonne tenue des comptes. Sa responsabilité est engagée, si des irrégularités sont révélées ex post.

APPLICATION N° 1

Les postes du résultat et du bilan de la société X... à l'année N sont classés par ordre alphabétique. Il vous est demandé de reconstituer le résultat et le bilan de la société, à partir de ces postes.

Préalablement, vous pouvez indiquer dans la colonne prévue à cet effet la catégorie d'appartenance de chacun des postes : A pour actif, P pour passif, C pour charges, D pour produits.

A, P, C ou D ?	POSTES DU BILAN ET DU RÉSULTAT	SOLDES
	Achats de matières premières	536 242
	Autres achats et charges externes	118 515
	Autres charges d'exploitation	2 225
	Autres créances	8 317
	Autres dettes	1 001
	Autres immobilisations corporelles	10 500
	Autres immobilisations financières	2 144
	Autres intérêts reçus	3 562
	Autres produits	38 207
	Autres réserves	44 100
	Capital social	50 000
	Charges constatées d'avance	2 304
	Charges de personnel	44 735
	Charges exceptionnelles sur opérations de gestion	728
	Charges exceptionnelles sur opérations en capital	0

A, P, C ou D ?	POSTES DU BILAN ET DU RÉSULTAT	SOLDES
	Clients et comptes rattachés	112 745
	Comptes de régularisation actif	0
	Comptes de régularisation passif	936
	Dettes fiscales et sociales	16 149
	Dettes fournisseurs	22 326
	Dettes sur immobilisations	467
	Différence positive de change	15 692
	Différences négatives de change	271
	Disponibilités	19 209
	Dotation aux amortissements (exploitation)	5 093
	Dotations aux provisions (financières)	6 938
	Dotations aux amortissements (charges exceptionnelles)	9 294
	Dotations aux provisions (exploitation)	49 270
	Emprunts auprès établissements de crédit	37 816
	Emprunts et dettes financières diverses	35 561
	Immobilisations incorporelles	1 722
	Impôt sur les bénéfices	23 385
	Impôts, taxes, et assimilés	1 727
	Installations techniques	3 036
	Intérêts versés	18 999
	Participation et intéressement	3 000
	Participations et créances rattachées	25 259
	Prime d'émission	0

A, P, C ou D ?	POSTES DU BILAN ET DU RÉSULTAT	SOLDES
	Production stockée	66 933
	Production vendue (biens)	684 349
	Production vendue (services)	10 729
	Produits constatés d'avance	200
	Produits exceptionnels sur opérations de gestion	76
	Produits exceptionnels sur opérations en capital	727
	Provisions pour risques	2 000
	Reprise sur provisions (financières)	292
	Reprises sur provisions (produits exceptionnels)	0
	Reprises sur provisions d'exploitation	40 460
	Réserve légale	4 485
	Réserves réglementées	33 006
	Résultat net comptable	?
	Stocks de matières premières	6 431
	Stocks de produits finis	81 415
	Valeurs mobilières de placement	15 570
	Ventes de marchandises	0

Corrigé de l'application n° 1

BILAN			
ACTIF	N	**PASSIF**	N
Immobilisations incorporelles	1 722	Capital social	50 000
Installations techniques	3 036	Prime d'émission	0
Autres immobilisations corporelles	10 500	Réserve légale	4 485
Participations et créances rattachées	25 259	Réserves réglementées	33 006
Autres immobilisations financières	2 144	Autres réserves	44 100
		Résultat	40 605
TOTAL 1	42 661	**TOTAL 1**	172 196
		Provisions pour risques	2 000
Stocks de matières premières	6 431		
Stocks de produits finis	81 415	**TOTAL 2**	2 000
Clients et comptes rattachés	112 745		
Autres créances	8 317	Emprunts auprès établissements de crédit	37 816
Valeurs mobilières de placement	15 570	Emprunts et dettes financières diverses	35 561
Disponibilités	19 209	Dettes fournisseurs	22 326
Charges constatées d'avance	2 304	Dettes fiscales et sociales	16 149
		Dettes sur immobilisations	467
TOTAL 2	245 991	Autres dettes	1 001

		Produits constatés d'avance	200
		TOTAL 3	113 520
Comptes de régularisation actif	0	Comptes de régularisation passif	936
TOTAL GÉNÉRAL	288 652	**TOTAL GÉNÉRAL**	288 652

RÉSULTAT	N
Ventes de marchandises	0
Production vendue (biens)	684 349
Production vendue (services)	10 729
Production stockée	66 933
Reprises sur provisions d'exploitation	40 460
Autres produits	38 207
Produits d'exploitation	840 678
Achats de matières premières	536 242
Autres achats et charges externes	118 515
Impôts, taxes, et assimilés	1 727
Charges de personnel	44 735
Dotation aux amortissements (exploitation)	5 093
Dotations aux provisions (exploitation)	49 270
Autres charges d'exploitation	2 225
Charges d'exploitation	757 807
Résultat d'exploitation	82 871
Autres intérêts reçus	3 562
Reprise sur provisions (financières)	292
Différence positive de change	15 692
Produits financiers	19 546
Dotations aux provisions	6 938
Intérêts versés	18 999
Différences négatives de change	271
Charges financières	26 208
Résultat financier	-6 662

Produits exceptionnels sur opérations de gestion	76
Produits exceptionnels sur opérations en capital	727
Reprises sur provisions (produits exceptionnels)	0
Produits exceptionnels	803
Charges exceptionnelles sur opérations de gestion	728
Charges exceptionnelles sur opérations en capital	0
Dotations aux amortissements (charges exceptionnelles)	9 294
Charges exceptionnelles	10 022
Résultat exceptionnel	-9 219
Participation et intéressement	3 000
Impôt sur les bénéfices	23 385
Résultat net comptable	40 605

ÉTAPE II

LIRE LE BILAN

ÉTAPE II

LIRE LE BILAN

QUESTIONS

☐ **1.** Pour respecter l'égalité Actif = Passif, le bénéfice figure au passif et la perte figure à l'actif : vrai ou faux ?

☐ **2.** Quelles sont les masses de l'actif et celles du passif ?

☐ **3.** Quelles sont les catégories d'immobilisations ?

☐ **4.** Citez deux immobilisations non amortissables.

☐ **5.** Peut-on amortir les stocks en régime dégressif ?

☐ **6.** L'entreprise acquiert des actions d'une autre société : dans quel poste du bilan seront-elles comptabilisées ?

☐ **7.** Quels sont les stocks comptabilisés par une entreprise industrielle ? et par une entreprise commerciale ?

☐ **8.** Quelles sont les règles d'évaluation des stocks ?

☐ **9.** Citez trois exemples de créances de l'actif circulant.

☐ **10.** Dans quelle rubrique de l'actif un compte bancaire à découvert figurera-t-il ?

☐ **11.** Diriez-vous que « capital » et « banque » sont synonymes ou seulement assez proches ?

☐ **12.** Y a-t-il une seule définition des capitaux propres ?

☐ **13.** Les capitaux propres peuvent-ils être inférieurs au capital social ? peuvent-ils être négatifs ?

☐ **14.** Peut-on dire qu'un apport en capital « enrichit » l'entreprise ? et un emprunt ?

☐ **15.** Les réserves sont-elles des dépôts bancaires obligatoires ?

☐ **16.** Quelle est la différence entre un bilan *avant* et un bilan *après* répartition ?

☐ **17.** Les provisions pour risques et charges couvrent-elles le risque de dépréciation des stocks ou des créances ?

☐ **18.** Donnez deux critères de classement des dettes.

☐ **19.** Passez l'écriture de remboursement d'une annuité d'emprunt de 1 000 (correspondant à un amortissement de 800 et à des intérêts de 200).

☐ **20.** Citez trois exemples de dettes du passif circulant.

ÉTAPE II

LIRE LE BILAN

RÉPONSES

1. Faux. Le résultat figure toujours au passif : en « plus » si c'est un bénéfice, en « moins » si c'est une perte. Ainsi s'exprime le fait qu'un bénéfice est une augmentation de ressources (une ressource engendrée par l'entreprise elle-même) et qu'une perte est une destruction de ressources (une diminution de la valeur patrimoniale).

2. Masses de l'actif : Actif immobilisé, Actif circulant, Comptes de régularisation.

Masses du passif : Capitaux propres, Provisions pour risques et charges, Dettes, Comptes de régularisation.

3. Le Plan comptable général (PCG) distingue trois types d'immobilisations :
— les immobilisations *incorporelles* (frais liés à la création de la société, frais de recherche et développement, etc.) ;

— les immobilisations *corporelles* (terrain, construction, matériel, installations) ;
— les immobilisations *financières* (titres de participation, prêts).

4. Le terrain n'est pas amortissable : il ne s'use pas. En revanche, un sous-sol exploité (une mine) est amortissable. Une immobilisation financière ne s'use pas davantage qu'un terrain et n'est pas amortissable.

Mais l'une et l'autre peuvent faire l'objet d'une provision pour dépréciation si, par exemple, un événement amène à déclasser le terrain ou si les marchés financiers constatent la décote du titre.

5. On n'amortit pas les stocks (la question du régime d'amortissement, dégressif ou linéaire, ne se pose donc pas). En revanche, ils peuvent subir une dépréciation probable et non certaine quant à son montant, pour des raisons de détérioration, d'évolution des modes, etc. Ils sont donc provisionnables.

6. La comptabilisation des actions dépend de l'intention qui préside à leur acquisition :
— soit les titres sont acquis dans une perspective de long terme : ils figurent alors en immobilisations financières, parmi les titres de participation (titres d'une société économiquement liée) ou parmi les titres immobilisés (placements de long terme) ;
— soit les titres sont acquis comme un placement de trésorerie : ils sont alors rangés en bas du bilan parmi

les valeurs mobilières de placement, juste avant les disponibilités.

7. Les stocks comptabilisés par une entreprise industrielle sont :
— des stocks de matières premières, en amont du cycle de production ;
— des stocks de produits finis, en aval du cycle ;
— des stocks d'en-cours, dans le cycle lui-même.

Les stocks comptabilisés par une entreprise commerciale sont des stocks de marchandises.

8. Les stocks de marchandises et de matières premières sont évalués au coût d'acquisition = prix d'achat + frais accessoires d'achat (transport, assurance, etc.).

Les stocks d'en-cours et de produits finis sont évalués au coût de production = coût d'achat des matières consommées + frais de production (main-d'oeuvre, amortissement des équipements, énergie, etc.)

9. Parmi les créances de l'actif circulant, les plus importantes sont les créances sur clients. On relève aussi les créances sur l'Etat (crédit d'impôt ou de TVA, par exemple), les créances sur le personnel (acomptes) et parfois même les créances sur fournisseurs (en cas d'avance versée sur des travaux en cours).

10. Un compte bancaire à découvert ne figure pas à l'actif, mais au passif puisqu'il correspond à une dette envers la banque. Le découvert est représenté par les « concours bancaires courants » inclus dans le montant global des dettes financières.

11. Ni l'un ni l'autre. Les postes « capital » et « banque » n'ont rien à voir : le capital désigne les fonds apportés par les associés à l'entreprise ; le compte banque est un emploi parmi d'autres des fonds apportés ; en outre, ce compte est affecté par d'autres opérations que les apports.

12. Les capitaux propres peuvent être définis :
— de manière additive = capital social + prime d'émission + réserves + report à nouveau antérieur + subvention d'investissement + provisions réglementées (ici, après répartition du résultat) ;
— de manière soustractive = Actif - Dettes.

13. Oui, les capitaux propres peuvent être inférieurs au capital social, en cas d'accumulation de pertes. Exemple : Capital social = 100, Report à nouveau = - 40, Capitaux propres = 60.

Les capitaux propres peuvent même être négatifs quand l'accumulation de pertes devient supérieure à l'apport initial de capital. Exemple : Capital social = 100, Report à nouveau = - 120, Capitaux propres = - 20.

14. Un apport en capital augmente le patrimoine de l'entreprise, même si cet « enrichissement » est d'origine externe : il ne doit rien à l'activité de l'entreprise. Un emprunt contribue aussi à financer des actifs, mais cet « enrichissement » n'est pas définitif.

15. Les réserves ne sont évidemment pas des dépôts bancaires obligatoires : elles enregistrent la partie du résultat non distribuée en dividendes. La réserve légale doit se monter à 10% au moins du capital social, et jusqu'à ce que ce seuil soit atteint, il convient de virer à la réserve légale 5% au minimum du bénéfice net annuel. Les autres réserves sont libres : certaines ont été inscrites dans les statuts de la société, d'autres sont strictement facultatives.

16. Seul le passif du bilan est affecté par la répartition du résultat.

Avant la répartition, le résultat de l'exercice apparaît explicitement dans les capitaux propres.

Après répartition, le résultat n'apparaît plus ; il est réparti entre les réserves et le report à nouveau d'une part, et les dettes envers les actionnaires pour le montant des dividendes éventuels d'autre part.

La répartition diminue donc le montant des capitaux propres dans l'hypothèse où des dividendes sont versés. Dans le cas inverse, le montant des capitaux propres est inchangé.

17. Les provisions pour risques ne sont pas destinées à prévenir la dépréciation des éléments d'actif, mais à prévenir le risque de perte lié à un risque hors exploitation : procès, taux de change, etc.

Les provisions pour charges à répartir sur plusieurs exercices visent à imputer sur le résultat de l'exercice une partie de la charge qui sera constatée au cours d'un exercice ultérieur.

18. Les dettes peuvent être distinguées, par exemple :
— selon leur origine : dettes financières ou non financières (fournisseurs, etc.) : c'est le critère retenu par le Plan comptable général 1982 ;
— selon leur échéance : plus ou moins d'un an.

19. Ecriture de remboursement :

16 Emprunt	66 Intérêts	51 Banque
800	200	1 000

20. Voici trois exemples de dettes du passif circulant :
— dettes envers les fournisseurs ;
— dettes sociales envers le personnel ou les organismes sociaux ;
— dettes fiscales envers le Trésor public.

APPLICATION N° 2

Voici la structure simplifiée de 5 bilans appartenant à 5 sociétés différentes.
Il vous est demandé d'attribuer un nom de société à chacun de ces bilans.

— La société « High-tech » met en œuvre des techniques industrielles de pointe, pour lesquelles elle a déposé des brevets, et elle entretient d'importantes dépenses de recherche et développement.

— La société « Hyper-marché » est un centre de grande distribution.

— La société « Lourde » est une industrie traditionnelle.

— La société « Légère » est un cabinet de conseil en organisation, d'audit des comptes et de prestations informatiques.

— La société « Holding » contrôle un groupe d'entreprises agro-alimentaires.

BILAN 1

ACTIF		PASSIF	
Immobilisations incorporelles		Capitaux propres	30
Immobilisations corporelles	20		
Immobilisations financières	10		
Stocks de marchandises	30		
Clients	1	Fournisseurs	70
Valeurs mobilières de placement	30		
Disponibilités	9		
Total	100	Total	100

BILAN 2

ACTIF		PASSIF	
Immobilisations incorporelles		Capital	5
Immobilisations corporelles	5	Réserves	65
Immobilisations financières	70		
Stocks de marchandises	0		
Créances diverses	20	Emprunt	30
Disponibilités	5		
Total	100	Total	100

BILAN 3

ACTIF		PASSIF	
Immobilisations incorporelles	5	Capital	5
Immobilisations corporelles	60	Réserves	40
Immobilisations financières	5		
Stocks de matières	5		
Stocks de produits	8	Emprunt	43
Créances diverses	10	Fournisseurs	12
Disponibilités	7		
Total	100	Total	100

BILAN 4

ACTIF		PASSIF	
Immobilisations incorporelles	5	Capital	15
Immobilisations corporelles	15	Réserves	50
Immobilisations financières	7		
Stocks d'en-cours	3		
Créances diverses	20	Emprunt	30
Valeurs mobilières de placement	40	Fournisseurs	5
Disponibilités	10		
Total	100	Total	100

BILAN 5

ACTIF		PASSIF	
Immobilisations incorporelles	15	Capital	30
Immobilisations corporelles	40	Réserves	35
Immobilisations financières	2		
Stocks de matières	5		
Stocks de produits	8	Emprunt	30
Créances diverses	15	Fournisseurs	5
Valeurs mobilières de placement	10		
Disponibilités	5		
Total	100	Total	100

Corrigé de l'application n° 2

— **Bilan 1** : société « Hyper-marché ».
Elle ne dispose que de stocks de marchandises. Son en-cours client est quasiment nul, tandis que ses dettes fournisseurs sont très importantes. Cette structure financière permet à la société de dégager une trésorerie structurellement élevée.

— **Bilan 2** : société « Holding ».
Ses immobilisations sont très largement financières : celles-ci correspondent aux titres de participation détenus par le holding dans ses filiales.

— **Bilan 3** : société « Lourde ».
Dans cette industrie, l'actif présente un poids élevé d'immobilisations corporelles, dont le financement exige un niveau relativement élevé d'endettement financier.

— **Bilan 4** : société « Légère ».
Cette société de services a peu d'immobilisations corporelles et incorporelles, et n'entretient pas de stocks de marchandises, de matières premières ou de produits finis. Ses seuls stocks sont ceux d'études en cours de production...

— **Bilan 5** : société « High-tech ».
C'est dans cette industrie innovante que la part la plus importante du bilan est consacrée aux investissements incorporels : brevets, licences, recherche et développement.

ÉTAPE III

LIRE LE RÉSULTAT

ÉTAPE III

LIRE LE RÉSULTAT

QUESTIONS

☐ **1.** Le résultat comptable figure du côté des charges si c'est une perte, et du côté des produits si c'est un bénéfice : vrai ou faux ?

☐ **2.** Quelles sont les grandes rubriques regroupant les postes du résultat ?

☐ **3.** Peut-on dire que les produits d'exploitation recouvrent les ventes et les autres produits d'exploitation, et que les charges d'exploitation recouvrent les achats et les autres charges d'exploitation ?

☐ **4.** Pour une société de services, comment s'intitule le poste regroupant ses ventes de prestations ?

☐ **5.** Comment se décompose le chiffre d'affaires net d'une entreprise qui réalise à la fois de la production et du négoce ?

☐ **6.** La production immobilisée est la partie de la production « bloquée » en stock : vrai ou faux ?

☐ **7.** La subvention d'exploitation est-elle un produit exceptionnel ?

☐ **8.** Où trouve-t-on les « produits des activités annexes » ? Citez un exemple.

☐ **9.** Donnez trois exemples de services extérieurs.

☐ **10.** Existe-t-il une différence entre les achats d'approvisionnement, selon qu'ils sont rangés dans le poste « Achats de matières premières et autres approvisionnements » d'une part, ou dans le poste « Autres achats et charges externes » d'autre part ?

☐ **11.** L'impôt sur les bénéfices forme-t-il l'essentiel ou la totalité du poste « Impôt et taxes » ?

☐ **12.** Où trouve-t-on dans le compte de résultat les dotations aux amortissements et provisions ?

☐ **13.** Le poste « Salaires et traitements » indique le montant des salaires nets et le poste « Charges sociales » recouvre le total des cotisations prélevées : vrai ou faux ?

☐ **14.** Les intérêts reçus viennent-ils en déduction des intérêts versés ?

☐ **15.** Dans la rubrique exploitation, que range-t-on parmi les « Autres produits » et les « Autres charges » ?

☐ **16.** Les dividendes versés sont des charges financières, les dividendes reçus sont des produits financiers : vrai ou faux ?

☐ **17.** Trouve-t-on trace de la TVA dans le résultat ?

☐ **18.** Quelles sont les deux grandes catégories d'opérations figurant en produits et charges exceptionnels ?

☐ **19.** Le résultat net peut-il être positif, si le résultat d'exploitation et le résultat financier sont l'un et l'autre négatifs ?

☐ **20.** Que diriez-vous d'une entreprise présentant les deux soldes suivants : Résultat d'exploitation = 50, Résultat financier = - 40 ?

ÉTAPE III

LIRE LE RÉSULTAT

RÉPONSES

1. Non, l'inverse est vrai. Le résultat figure dans le plus petit des deux côtés, pour équilibrer ceux-ci. La perte est donc rangée en bas des produits, tandis que le bénéfice s'ajoute aux charges.

Résultat		Résultat	
Charges	Produits	Charges	Produits
Bénéfice			Perte

2. Les postes du résultat sont regroupés en trois masses (aussi bien du côté charges que du côté des produits) :

Postes d'exploitation
Charges d'exploitation : consommations de matières, dépenses en services extérieurs, impôts locaux, frais de personnel, pertes sur clients insolvables, dotations aux amortissements et provisions, etc.
Produits d'exploitation : ventes de marchandises et/ou produits finis, subvention d'exploitation, redevances de licences et brevets, reprises de provisions, etc.

Postes financiers
Charges financières : intérêts versés, dotations aux provisions pour dépréciation des actifs circulants, etc.
Produits financiers : revenus de placements financiers, intérêts perçus, etc.

Postes exceptionnels
Charges exceptionnelles : sur opérations de gestion (amendes et pénalités versées, abandons de créances, etc.), sur opérations en capital (valeur comptable nette des immobilisations cédées, etc.).
Produits exceptionnels : sur opérations de gestion (amendes et pénalités reçues, etc.), sur opérations en capital (prix de cession des immobilisations, etc.).

3. Non. Le « piège » de la question porte sur les deux notions de ventes et achats. Le résultat d'exploitation se définirait plutôt par la différence :

Production - Consommations + Autres produits - Autres charges d'exploitation.

Production ≠ Ventes : on peut vendre plus qu'on ne produit (en prélevant dans les stocks de produits) et on peut vendre moins qu'on ne produit (si on gonfle les stocks).

Consommations ≠ Achats : on peut consommer moins qu'on achète (les stocks de matières ou marchandises augmentent), on peut consommer plus qu'on achète (les stocks diminuent).

	Stock matières	Stock produits
Diminution du stock	Consommations > Achats	Ventes > Production
Augmentation du stock	Achats > Consommations	Production > Ventes

Consommations = Achats + Diminution de stocks (matières) ou - Augmentation de stocks (matières)
Production = Ventes - Diminution de stocks (produits) ou + Augmentation de stocks (produits)

4. Le produit des prestations d'une société de services figure en « production vendue ».

5. Le chiffre d'affaires net d'une entreprise qui réalise à la fois de la production et du négoce se présente comme la somme de deux postes : Ventes de marchandises + Production vendue (biens et services).

6. La production immobilisée ne doit pas être confondue avec la variation des stocks de produits finis et d'en-cours, désignée par la « production stockée ».

Le poste de « production immobilisée » constate une production réalisée par l'entreprise pour elle-même.

Exemple. L'entreprise a utilisé 500 de matières et 200 de frais de main-d'oeuvre pour construire un garage pour elle-même. Elle ne souhaite pas laisser en charges des dépenses qui sont constitutives d'une immobilisation (en l'occurrence une construction). Elle va donc passer l'écriture suivante :

21 Construction	72 Production immobilisée
700	700

7. La subvention d'exploitation n'est pas un produit exceptionnel, mais un produit d'exploitation. Elle est accordée à l'entreprise en raison de difficultés particulières ou de contraintes qui lui sont imposées par la collectivité publique.

8. Les « produits des activités annexes » figurent dans le chiffre d'affaires. En font partie notamment les loyers perçus par l'entreprise ou le revenu de mise à disposition de personnel facturée par l'entreprise.

9. Quelques exemples de services extérieurs : frais postaux et de télécommunication, publicité, services bancaires, personnel intérimaire, loyers, etc.

10. Oui. Les achats d'approvisionnement rangés dans le poste « Achats de matières premières et autres approvisionnements » concernent des fournitures stockées, dont le stock apparaît à l'actif du bilan et dont la variation de stock est reprise dans les charges. A l'inverse, les approvisionnements inclus dans le poste

« Autres achats et charges externes » n'ont pas de valeur de stock. S'il arrive de constater en fin d'exercice qu'une partie de ces approvisionnements n'a pas été consommée, elle fait alors l'objet d'une écriture de régularisation (et passée en charges constatées d'avance, voir étape V).

11. Le poste « Impôt et taxes » n'englobe ni l'essentiel, ni la totalité de l'impôt sur les bénéfices. Il regroupe les impôts locaux ainsi que des charges sociales « fiscalisées », tels que : la taxe professionnelle, la taxe d'apprentissage, les charges de formation continue, etc. Toutes ces charges sont déductibles pour le calcul de l'assiette de l'impôt sur les bénéfices. L'impôt sur les bénéfices figure tout en bas du résultat.

12. Les dotations aux amortissements et provisions se retrouvent en 3 postes dans le résultat, un poste pour chaque masse de charges : d'exploitation, financières, exceptionnelles.

De même, les reprises sur amortissements et provisions se retrouvent dans chacune des trois rubriques de produits.

13. Non ! Le poste des « Salaires et traitements » n'indique pas le montant des salaires nets, mais celui des salaires bruts. Et le poste des « Charges sociales » ne recouvre donc que la part « patronale » des cotisations.

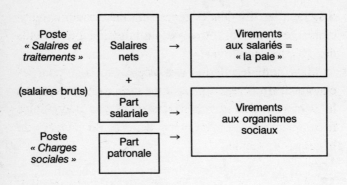

14. Non ! Les intérêts reçus ne viennent pas en déduction des intérêts versés. Les intérêts sont enregistrés en charges financières quand ils sont versés et en produits financiers quand ils sont perçus.

15. Les « Autres produits » et les « Autres charges » (d'exploitation) correspondent aux comptes 75 et 65 (sauf quote-part sur opérations en commun).

Les « Autres charges » (d'exploitation) recouvrent les pertes sur créances irrécouvrables, ainsi que les « redevances pour concessions, brevets, licences, marques, procédés » versées.

Les « Autres produits » (d'exploitation) recouvrent les mêmes types de redevances, quand elles sont perçues par l'entreprise.

Ces redevances peuvent être un des moyens choisis par une société-mère pour faire « remonter » des bénéfices depuis une filiale.

16. Oui, les dividendes reçus sont des produits financiers : revenus des titres de participation ou revenus des valeurs mobilières.

Mais non, les dividendes versés ne sont pas des charges financières : ils constituent un prélèvement sur le bénéfice. Ces dividendes ne sont pas déductibles fiscalement et leur montant dépend du niveau du bénéfice lui-même.

17. La TVA ne figure dans aucun poste du résultat, puisqu'elle n'est ni une charge, ni un produit pour l'entreprise. Il y a toutefois des exceptions : certaines charges sont enregistrées toutes taxes comprises quand la TVA n'est pas récupérable (TVA sur repas d'affaires, par exemple).

18. Deux grandes catégories d'opérations figurent en produits et charges exceptionnels :
— les *opérations de gestion* désignent des produits et charges qui concernent des événements non ordinaires tels que les pénalités et amendes ou les créances devenues irrécouvrables pendant l'exercice ;
— les *opérations en capital* désignent principalement les cessions d'immobilisations (ainsi que les subventions d'investissement ou la fraction de celles-ci virée au résultat).

19. Oui, le résultat net peut être positif, même avec un résultat d'exploitation et un résultat financier négatifs l'un et l'autre : il faut alors que le résultat exceptionnel soit positif et supérieur à la somme des pertes d'exploitation et financières.

20. Une entreprise présente un résultat d'exploitation de + 50 et un résultat financier de - 40 : au regard de ses performances économiques, l'endettement de l'entreprise est trop élevé et trop coûteux. Elle devrait donc améliorer ses conditions d'exploitation et assainir sa structure financière.

APPLICATION N° 3

Complétez le résultat et le bilan suivants (reprenant leur présentation dans une liasse fiscale), en retrouvant le nom ou le montant des postes manquants.

BILAN - ACTIF

		Exercice clos le 31/12/N			N-1
		Brut	Amortissements provisions	Net	Net
Capital souscrit non appelé (0)	AA				
Frais d'établissement	AB		AC		
Frais de recherche et développement	AD		AE		4 266
Concessions, brevets et droits similaires	AF	152 497	AG a?	139 699	300 000
Fonds commercial (1)	AH	300 000	AI	300 000	
Autres immobilisations incorporelles	AJ	25 750	AK	b?	
Avances et acomptes sur immobilisations incorporelles	AL		AM		
Terrains	AN		AO		
c?	AP		AQ		

		Exercice clos le 31/12/N			N-1
		Brut	Amortissements provisions	Net	Net
Installations techniques, matériel et outillage industriels	AR	3 453 133	AS 1 497 686	d ?	1 993 783
Autres immobilisations corporelles	AT	e ?	AU 182 771	61 254	81 748
Immobilisations en cours	AV		AW		12 860
Avances et acomptes	AX		AY		
Participations évaluées selon la méthode de mise en équivalence	CS		CT		
Autres participations	CU		CV		
Créances rattachées à des participations	BB		BC		
Autres titres immobilisés	BD		BE		
f ?	BF		BG		
Autres immobilisations financières	BH	g ?	BI	h ?	72 485
TOTAL (I)	BJ	4 291 054	BK 1 693 255	i ?	j ?
Stocks matières premières, approvisionnements	BL	505 494	BM	505 494	k ?
Stocks en cours de production de biens	BN		BO		
Stocks en cours de production de services	BP		BQ		
Stocks produits intermédiaires et finis	BR	1 003 025	BS	1 003 025	928 859
l ?	BT	2 468 673	BU m ?	n ?	2 360 071

Application n° 3

		Exercice clos le 31/12/N			N-1
		Brut	Amortissements provisions	Net	Net
Avances et acomptes versés sur commandes	BV		BW		
Clients et comptes rattachés (3)	BX	6 000 381	BY 766 112	5 234 269	5 006 772
Autres créances (3)	BZ	460 040	CA	460 040	489 663
Capital souscrit et appelé, non versé	CB		CC		
Valeurs mobilières de placement	CD		CE		
Disponibilités	CF	305 352	CG	305 352	73 800
Charges constatées d'avances (3)	CH	112 627	CI	112 627	124 427
TOTAL (II)	CJ	o?	CK 793 396	10 062 196	9 593 588
Charges à répartir sur plusieurs exercices (III)	CL	111 500		111 500	p?
Primes de remboursement des obligations (IV)	CM				
Ecarts de conversion actif (V)	CN				
TOTAL GENERAL (0 à V)	CO	q?	1A r?	s?	12 554 030
			CP		

BILAN - PASSIF
avant répartition

		Exercice N 1	Exercice N-1 2
a ?	DA	250 000	250 000
Primes d'émission, de fusion, d'apport, ...	DB		
Ecarts de réévaluation (2) dont équivalence EK	DC		
Réserve légale (3)	DD	b ?	25 000
Réserves statutaires ou contractuelles	DE		
Réserves réglementées (3) (4)	DF		
Autres réserves	DG	c ?	1 852 687
Report à nouveau	DH		
d ?	DI	385 369	939 014
Subventions d'investissement	DJ		
Provisions réglementées	DK		
TOTAL (I)	DL	3 452 071	3 066 701
Produit des émissions de titres participatifs	DM		
Avances conditionnées	DN		
TOTAL (I)	DO		

		Exercice N 1	Exercice N-1 2
e ?	DP		32 000
Provisions pour charges	DQ		
TOTAL (III)	DR		32 000
Emprunts obligataires convertibles	DS		
Autres emprunts obligataires	DT		
Emprunts et dettes auprès des établissements de crédit (6)	DU	3 033 172	512 783
Emprunts et dettes financières divers (7)	DV		3 000 000
Avances et acomptes reçus sur commandes en cours	DW		
f ?	DX	4 471 201	
Dettes fiscales et sociales	DY	1 561 607	1 618 566
Dettes sur immobilisations et comptes rattachés	DZ		
Autres dettes	EA	253 444	650 600
Produits constatés d'avance	EB		
TOTAL (IV)	EC	**h ?**	9 455 329
Ecarts de conversion passif (V)	ED		
TOTAL GENERAL (I à V)	EE	12 771 495	12 554 030

COMPTE DE RÉSULTAT DE L'EXERCICE

68 • Etape III

		Exercice N				Exercice N-1
		France		Exportation	Total	
Vente de marchandises	FA	26 380 847	FB	a ?	FC 31 435 473	29 466 727
Production vendue de biens	FD		FE	b ?	FF	
	FG	473 361	FH	144 272	FI 617 633	
Chiffres d'affaires nets **c ?**	FJ		FK		FL e ?	30 045 475 **d ?**
Production immobilisée					FM 74 166	241 725
Subventions d'exploitation					FN	
					FO	
Reprises sur amortissements et provisions, transferts de charges					FP 102 634	763 310
Autres produits					FQ 598 800	520 147
Total des produits d'exploitation (2) f ?					FR 32 828 706	31 570 657
Achats de marchandises (y compris droits de douane)					FS 11 598 706	9 685 686
g ?					FT -92 261	-246 127
h ?					FU 1 694 561	2 731 868
Variation de stocks (matières premières et approvisionnements)					FV 104 505	-103 500
Autres achats et charges externes (3)					FW 6 320 467	6 798 754

		Exercice N	Exercice N-1
Impôts, taxes et versements assimilés	FX	597 342	556 673
	FY	6 834 123	6 345 311
	FZ	2 864 360	2 715 567
Dotations aux amortissements sur immobilisations	GA	409 834	610 627
Dotations aux provisions sur immobilisations	GB		
Dotations aux provisions sur actif circulant	GC	117 719	175 685
	GD	383 800	32 000
Autres charges	GE	331 564	206 765
Total des charges d'exploitation (4) (II)	GF	31 164 720	29 509 309
1 - RÉSULTAT D'EXPLOITATION	GG	l ?	m ?
Bénéfice attribué ou perte transférée (III)	GH		
Perte supportée ou bénéfice transféré (IV)	GI		
Produits financiers de participation	GJ		
Produits des autres valeurs mobilières et créances de l'actif immobilisé	GK		
Autres intérêts et produits assimilés	GL		
	GM	n ?	
Différences positives de change	GN	639	5
Produits nets sur cessions de valeurs mobilières de placement	GO		

Ligne FY: i ?
Ligne FZ: j ?
Ligne GD: k ?

Application n° 3 • **69**

70 • Etape III

		Exercice N	Exercice N-1
Total des produits financiers (V)	GP	639	5
o ?	GQ		
Intérêts et charges assimilées (6)	GR	926 027	855 573
Différences négatives de change	GS	1 960	3 174
Charges nettes sur cessions de valeurs mobilières de placement	GT		
Total des charges financières (VI)	GU	927 987	858 747
(V - VI)	GV	-927 348	-858 742
2 - RESULTAT FINANCIER	GW		
3 - RESULTAT COURANT AVANT IMPOTS p ?	HA	**q ?**	**r ?**
Produits exceptionnels sur opérations de gestion	HA	**s ?**	112 772
	HB		
Reprises sur provisions et transferts de charges	HC		
Total des produits exceptionnels (7) (VII)	HD	64 621	112 772
u ?	HE	46 955	80 435
Charges exceptionnelles sur opérations en capital	HF		
Dotations exceptionnelles aux amortissements et provisions	HG		
Total des charges exceptionnelles (7) (VIII)	HH	46 955	80 435

			Exercice N	Exercice N-1
4 - RESULTAT EXCEPTIONNEL	(VII - VIII)	HI	v ?	32 337
Participation des salariés aux résultats de l'entreprise	(IX)	HJ		
w ? (X)		HK	368 935	x ?
TOTAL DES PRODUITS	(I+III+V+VII)	HL	32 893 966	31 683 434
TOTAL DES CHARGES	(II+IV+VI+VIII+IX+X)	HM	32 508 597	30 744 420
5 - BENEFICE OU PERTE (total des produits - total des charges)		HN	385 369	939 014

Corrigé de l'application n° 3

ACTIF

a : 12 798 (= 152 497 - 139 699)
b : 25 750
c : Constructions
d : 1 955 447 (= 3 453 133 - 1 497 686)
e : 244 025 (= 61 254 + 182 771)
f : Prêts
g : 115 649 (= 4 291 054 - somme des lignes AF, AH, AJ, AR, AT)
h : 115 649
i : 2 597 799 (= 4 291 054 - 1 693 255)
j : 2 465 142 (= somme des lignes précédentes)
k : 609 996 (= total II - somme autres lignes)
l : Stocks de marchandises
m : 27 284 (= total II - somme autres lignes)
n : 2 441 389 (= 2 468 673 - 27 284)
o : 10 855 592 (total)
p : 495 300 (= total général - total I - total II)
q : 15 258 146 (= total I + total II + total III)
r : 2 486 651 (idem)
s : 12 771 495 (idem)

PASSIF

a : Capital social
b : 25 000 (= 10% du capital, niveau déjà atteint en N-1)
c : 2 791 702 (=Total I - lignes DA, DD, DI)
d : Résultat de l'exercice
e : Provisions pour risques
f : Dettes fournisseurs
g : 3 673 380 (= Total IV - lignes DU, DV, DY, EA)
h : 9 319 424

RÉSULTAT

a : 5 054 626 (= Total - France)
b : 0
c : Production vendue de services
d : 578 748 (= Chiffres d'affaires nets - Ventes de marchandises)
e : 32 053 106 (= Ventes de marchandises + Production vendue de services)
f : Production stockée
g : Variation de stock (marchandises)
h : Achat de matières premières et autres approvisionnements
i : Salaires et traitements
j : Charges sociales
k : Dotations aux provisions pour risques et charges
l : 1 663 986 (= ligne FR - ligne GF)

m : 2 061 348 (idem)
n : Reprises sur provisions et transferts de charges
o : Dotations financières aux amortissements et provisions
p : (I - II + III - IV + V - VI)
q : 736 638
r : 1 202 606
s : 64 621
t : Produits exceptionnels sur opérations en capital
u : Charges exceptionnelles sur opérations de gestion
v : 17 666 (= HD - HH)
w : Impôts sur les bénéfices
x : 295 929 (= HM - GF - GI - GU - HH - HJ)

ÉTAPE IV

ENREGISTRER DES OPÉRATIONS SIMPLES

ÉTAPE IV

ENREGISTRER DES OPÉRATIONS SIMPLES

QUESTIONS

Les opérations suivantes, pour lesquelles il faut passer l'écriture correspondante, sont indépendantes l'une de l'autre.

☐ **1.** Réception de la facture d'achat de matières premières A : 100 hors taxe, TVA à 20,6%. Payable à 30 jours.

☐ **2.** Vente de produits pour 1 000 hors taxe, la moitié payée comptant, le solde à 30 jours.

☐ **3.** Le client M. nous règle par chèque sa dette de 10.

☐ **4.** Acquisition d'une machine-outil, 2 000 hors taxe, à crédit.

☐ **5.** Un de nos clients a accepté l'effet de commerce tiré sur lui pour une créance déjà enregistrée de 600.

☐ **6.** Les salaires du mois se montent à : 300 brut. Cotisations patronales : 40%, cotisations salariales : 20 %.

☐ **7.** Un lot de marchandises acheté 100 hors taxe est retourné au fournisseur, car non conforme.

☐ **8.** Augmentation de capital par apport de M. F... en numéraire pour 1 000, et par apport de la part de Mme G... d'une construction évaluée à 400.

☐ **9.** Virement d'une subvention d'exploitation pour 400.

☐ **10.** Le résultat net de 40 a donné lieu à une dotation à la réserve légale de 8, à l'attribution de 15 de dividendes, à une mise en réserves de 15 et au report à nouveau du solde.

☐ **11.** Un camion est acquis en crédit-bail. Valeur d'origine : 100. Redevance annuelle : 30, payable dans 6 mois.

☐ **12.** La banque envoie le relevé d'agios : intérêts débiteurs 115 F, commission de tenue de compte 100 F hors taxe.

☐ **13.** Remboursement d'un prêt : 500.

☐ **14.** Vente de marchandises : 1 000 brut, remise de 10%.

☐ **15.** Une immobilisation acquise 1 000, amortie 200, a été cédée 300.

☐ **16.** Dans quelle classe est le compte « Moins-value de cession » ? Même question pour le compte « Plus-value de cession ».

☐ **17.** Endossement d'une lettre de change de 1 000 à l'ordre du fournisseur M.

☐ **18.** 100 actions X acquises (pour placement de trésorerie) au cours de 360 ont été cédées à 472, et 50 actions Y acquises au cours de 1 500 ont été vendues à 1 450. Comment s'enregistrent ces opérations dans les comptes ?

☐ **19.** Des titres de participation acquis 5 000 ont été cédés pour 6 000.

☐ **20.** Règlement au fisc de la TVA due : 700.

ÉTAPE IV

ENREGISTRER DES OPÉRATIONS SIMPLES

RÉPONSES

Le cas échéant, le solde initial du compte a été repris en italique, et précédé de la lettre S.

1.

60 Achats de matières		44 TVA		40 Fournisseur	
100		20,6			120,6

2.

41 Clients		44 TVA		70 Ventes de produits	
560,3			120,6		1 000

51 Banque	
560,3	

3.

51 Banque	41 Client M.
10	S.*10* | 10

4.

21 Machine	44 TVA	40 Fournisseurs d'immo
2 000	412	2 412

5.

41 Effet à recevoir	41 Client
600	S.*600* | 600

6.

64 Rémunérations	42 Personnel
300	60 | 300

64 Charges	42 Organismes sociaux
120	120
	60

7.

60 Achat de marchandises		44 TVA		40 Fournisseur	
S.*100*	100	S.*20,6*	20,6	120,6	S.*120,6*

8.

51 Banque	21 Immobilisations	10 Capital
1 000	400	1 000
		400

9.

51 Banque	74 Subvention d'exploitation
600	600

10.

12 Résultat		10 Réserve légale
40	S.*40*	8

11 Report à nouveau	10 Autres réserves
2	15

45 Dividendes à payer
15

11. Une « acquisition » en crédit-bail est assimilée à un contrat de location. Elle ne donne donc pas lieu à écriture au bilan. Seules sont enregistrées les redevances parmi les charges externes. Ici, la redevance sera enregistrée dans 6 mois.

12.

62 Services bancaires		44 TVA	
100		20,6	

66 Intérêts		51 Banque	
115			235,6

13.

51 Banque		27 Prêt	
500		S.*500*	500

14.

41 Clients		70 Ventes		44 TVA	
1 085,4			900		185,4

15.

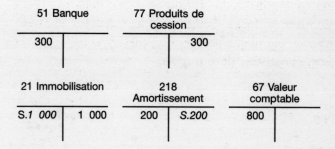

16. Il n'existe aucun compte « Moins-value de cession » ni de « Plus-value de cession ». Le résultat sur cession apparaît comme différence entre les deux comptes 775 et 675.

17.

41 Effet à recevoir		40 Fournisseur M.	
S.*1 000*	1 000	1 000	S.*1 000*

18.

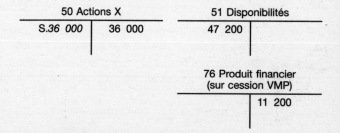

50 Actions Y		51 Disponibilités
S.75 000	75 000	72 500

66 Charge financière (sur cession VMP)
2 500

19.

51 Banque		77 Produits de cession	
6 000			6 000

26 Titres de participation		67 Valeur comptable
S.5 000	5 000	5 000

20.

51 Banque		44 TVA due	
	700	700	S.700

APPLICATION N° 4

Vous devez retrouver le « scénario » correspondant aux opérations suivantes, en complétant les intitulés de comptes et les montants manquant dans le journal.

		――― 1 ―――		
600	Achats			....
....	....		206	....
....	....	(facture 40-41)	....	....
		――― 2 ―――		
....	....		590	....
....	....	(règlement du client Sorel)	....	....
		――― 3 ―――		
....	....		5 000	....
....	....	(facture de l'expert-comptable Beaunet)	....	....
		――― 4 ―――		
....	....		....	....
....	....	(règlement facture 40-41)	....	....
		――― 5 ―――		
....	Immobilisations corporelles		20 000	....
....	....	(facture P. Matisse 632)	....	....
		――― 6 ―――		
....	....		....	....
....	....	(retrait espèces, 3 000)	....	....

		— 7 —			
....	....		....	....	10 000
		(facture à client Longais)			
		— 8 —			
....	....		....	....	
		(règlement P. Matisse 632)			
		— 9 —			
....	TVA déductible		....	20,6	
660					292,6
		(relevé de compte bancaire, agios)			
		— 10 —			
....	....		....	....	700
		(reçu relevé prime d'assurance)			
		— 11 —			
....	....		....	....	
		(acceptation lettre de change par Longais)			
		— 12 —			
....	....		....	....	
		(emprunt bancaire, 100 000, sur 10 ans)			
		— 13 —			
....	....		....	20 000	
		(subvention d'exploitation virée en banque)			
		— 14 —			
....	....		....	2 000	
		(facture transporteur J. Teuillet)			
		— 15 —			
....	....		....	....	
		(cession d'un micro pour 800 à Maunin)			

———————————— 16 ————————————

(valeur d'achat du microcédé = 4000, amorti à 90%)

———————————— 17 ————————————

(endossement de la traite Longais à Verny)

———————————— 18 ————————————

(acquisition de titres d'Etat à 3 mois)   5 000

———————————— 19 ————————————

(annuité d'emprunt, taux à 9%)

———————————— 20 ————————————

(échéance de l'effet à ordre de Verny)

Corrigé de l'application n° 4

600	Achats		1 000	
445	Etat, taxe sur le chiffre d'affaires		206	
400		Fournisseurs		1 206
	(facture 40-41)			

510	Banque		590	
410		Clients		590
	(règlement du client Sorel)			

620	Autres services extérieurs		5 000	
445	Etat, taxe sur le chiffre d'affaires		1 030	
400		Fournisseurs		6 030
	(facture de l'expert-comptable Beaunet)			

400	Fournisseurs		1 206	
510		Banque		1 206
	(règlement facture 40-41)			

210	Immobilisations corporelles		20 000	
445	Etat, taxe sur le chiffre d'affaires		4 120	
400		Fournisseurs		24 120
	(facture P. Matisse 632)			

530	Caisse		3 000	
510		Banque		3 000
	(retrait espèces, 3 000)			

410	Clients		11 206	
445		Etat, taxe sur le chiffre d'affaires		1 206
701		Ventes de produits finis		10 000
	(facture à client Longais)			

400	Fournisseurs		24 120	
510		Banque		24 120
	(règlement P. Matisse 632)			

		───────── 9 ─────────		
620	Autres services extérieurs		100	
445	Etat, taxe sur le chiffre d'affaires		20,6	
660	Charges financières		172	
510		Banque		292,6
	(relevé de compte bancaire, agios)			

		───────── 10 ─────────		
610	Services extérieurs		700	
400		Fournisseurs		700
	(reçu relevé prime d'assurance)			

		───────── 11 ─────────		
410	Client (effet à recevoir)		11 206	
410		Clients		11 206
	(acceptation lettre de change par Longais)			

		───────── 12 ─────────		
510	Banque		100 000	
160		Emprunts		100 000
	(emprunt bancaire, 100 000, sur 10 ans)			

		───────── 13 ─────────		
510	Banque		20 000	
740		Subventions d'exploitation		20 000
	(subvention d'exploitation virée en banque)			

		───────── 14 ─────────		
620	Autres services extérieurs		2 000	
445	Etat, taxe sur le chiffre d'affaires		412	
400		Fournisseurs		2 412
	(facture transporteur J. Teuillet)			

		───────── 15 ─────────		
460	Débiteurs divers		800	
770		Produits exceptionnels		800
	(cession d'un micro pour 800 à Maunin)			

		───────── 16 ─────────		
670	Charges exceptionnelles		400	
281	Amortissements des immo. corpo.		3 600	
21		Immobilisations corporelles		4 000
	(valeur d'achat micro 4000, amorti à 90%)			

		───────── 17 ─────────		
400	Fournisseur (Verny)		11 206	
410		Client (effet à recevoir)		11 206
	(endossement de la traite Longais à Verny)			

		———————— 18 ————————			
500	Valeurs mobilières de placement			5 000	
510			Banque		5 000
	(acquisition de titres d'Etat à 3 mois)				

		———————— 19 ————————			
160	Emprunts			10 000	
660	Charges financières			9 000	
510			Banque		19 000
	(annuité d'emprunt, taux à 9%)				

———————— 20 ————————
Cette échéance n'a pas d'incidence sur les comptes de l'entreprise.
(échéance de l'effet à ordre de Verny)

ÉTAPE V

CLORE LES COMPTES EN FIN D'EXERCICE

ÉTAPE V

CLORE LES COMPTES EN FIN D'EXERCICE

QUESTIONS

☐ **1.** Peut-on constituer une provision relative à un terrain ?

☐ **2.** Le comptable a fait une erreur : il a comptabilisé le stock final de matières premières pour 4 000 au lieu de 2 000. Ses comptes sont-ils équilibrés ? Le résultat est-il affecté ?

☐ **3.** Même question en remplaçant matières premières par produits finis.

☐ **4.** Tous les achats sont-ils stockés ? Que fait-on des achats non stockés quand ils n'ont pas été consommés avant la fin de l'exercice ?

☐ **5.** L'amortissement contribue à diminuer le résultat : peut-on dire que l'entreprise a donc intérêt à amortir le moins possible ? Illustrez votre réponse à partir de l'exemple d'une entreprise dont le résultat courant avant amortissement est de 900, qui a le choix entre amortir pour 300 ou pour 150, et qui n'a pas d'autres charges que cet amortissement et l'impôt sur les sociétés à 33 1/3 %.

☐ **6.** Quels sont les coefficients applicables à l'amortissement dégressif ? Présentez le plan d'amortissement d'une immobilisation acquise pour 1 000 le 1er juillet de l'année N1, amortie sur 5 ans, en amortissement linéaire d'une part, en amortissement dégressif d'autre part.

☐ **7.** Le sens comptable du terme « provision » a-t-il quelque chose à voir avec le sens courant, par exemple dans l'expression « faire des provisions de nourriture » ?

☐ **8.** Montrez à travers l'exemple suivant l'incidence du mécanisme des provisions sur le résultat de l'entreprise.
En année N, on constitue une provision pour dépréciation de créances clients de 10 ; en année N+2, le client incriminé ayant fui en Uruguay, laissant derrière lui une faillite retentissante, on constate une perte définitive de la totalité de la créance, soit 15.

☐ **9.** Les provisions figurent-elles à l'actif ou au passif ?

☐ **10.** Un magasin d'électroménager offre une garantie gratuite à ses clients pendant un an. Celle-ci coûte environ 1 % du chiffre d'affaires annuel (celui-ci s'est monté cette année N à 5 000). A la date de clôture des comptes de N, la moitié des pannes environ reste à venir. Quelle écriture faut-il passer ?

☐ **11.** Courant mars N, l'entreprise a reçu pour 10 000 de matières, elles sont entrées en stocks, mais la facture n'étant pas encore parvenue, cette livraison n'a pas été enregistrée. L'exercice est clos au 31 mars. Quel principe comptable régit la régularisation que doit passer le comptable ? Quel terme générique applique-t-on à ces charges non enregistrées qui devraient l'être ?

☐ **12.** S'étant conformé aux bons principes, le comptable confronté à la question précédente est fort gêné quand la facture lui parvient le 25 avril N+1 : « *Si j'enregistre la facture maintenant, je vais la comptabiliser une deuxième fois, la première étant intervenue en N* ». Bonne question, mais le comptable est fautif : qu'a-t-il oublié de faire à l'ouverture des comptes ?

☐ **13.** Un emprunt de 700 000 a été contracté au taux d'intérêt de 10 % le 1er juillet N, remboursable en 7 ans par amortissements constants à terme annuel échu. Quelle écriture enregistre-t-on au 31 décembre N ?

☐ **14.** Fin décembre, des produits ont été livrés pour

1 000, mais n'ont pas été encore facturés. Par quel terme désigne-t-on ce genre de produits ? Que fait-on au 31 décembre ?

☐ **15.** De grosses charges peuvent-elles être étalées dans le temps ? A priori ? A posteriori ? Illustrez votre réponse à partir de l'exemple d'une charge de 900 susceptible d'être répartie sur trois ans.

☐ **16.** Où apparaît, dans le résultat, le compte de « charges constatées d'avance » ? Citez un exemple.

☐ **17.** Les produits constatés d'avance sont-ils imposables ? Citez un exemple.

☐ **18.** Que deviennent les charges et produits constatés d'avance au cours de l'exercice suivant leur constitution ? Illustrez votre réponse avec les exemples précédents.

☐ **19.** Comment passe-t-on du bénéfice comptable au bénéfice distribuable ? Quelle est la procédure d'affectation du résultat ?

☐ **20.** Une société présente au 31-12-N un capital social de 250 000, une réserve légale de 25 000, un report à nouveau nul, des réserves qu'elle ne souhaite pas distribuer et un bénéfice net de 500 000. Elle a l'habitude de distribuer 30 % du bénéfice. Au 31-12, la trésorerie de l'entreprise est de 100 000. Lors de l'AG des actionnaires en avril N+1, l'entreprise vient de réaliser le rachat d'une autre société et sa trésorerie n'est que de 30 000. Combien peut-elle distribuer ?

ÉTAPE V

CLORE LES COMPTES EN FIN D'EXERCICE

RÉPONSES

1. Une provision pour dépréciation d'un terrain peut être constituée, si on peut estimer raisonnablement que ce terrain a subi une perte de valeur en raison d'un événement particulier, tel que, par exemple, la construction d'une ligne de chemin de fer à proximité.

2. Le fait de comptabiliser le stock final de matières premières pour 4 000 au lieu de 2 000 n'affecte pas l'équilibre des comptes. On vérifie que l'écriture suivante est équilibrée quel que soit le montant du stock final :

31 Stock de matières		603 Variation de stock	
S. *Stock initial* Stock final	Stock initial	Stock initial	Stock final

En revanche, une surestimation des stocks finals conduit à réduire les consommations, donc à valoriser le résultat net. A l'inverse, une sous-estimation de ces stocks aboutit à sous-évaluer le résultat.

3. La réponse est la même pour les produits finis que pour les matières premières. L'équilibre des comptes ne dépend pas de l'évaluation des stocks. Une surestimation des stocks de produits conduit à augmenter la production de l'exercice, donc le résultat net, tandis qu'une sous-estimation conduit à réduire la production et le résultat.

4. Tous les achats sont rangés et « emmagasinés » mais certains d'entre eux ne sont pas « stockés » dans la mesure où ils n'apparaissent pas dans les comptes de stocks à l'actif. Les achats non stockés qui n'ont pas été consommés avant la fin de l'exercice doivent être éliminés des charges de l'exercice. Par exemple, supposons qu'un achat de fournitures de 1 000 a été enregistré le 1er décembre N, correspondant à quatre mois de consommations. Sur cette facture enregistrée en N, les trois quarts correspondent à des consommations de N+1. On va donc reporter 750 (= 1 000 x 3/4) sur les charges de l'exercice N+1.

On utilise pour cela un compte de régularisation « Charges constatées d'avance », qui sera débité de 750, par le crédit de « Achats non stockés de fournitures ».

Voir aussi la réponse à la question 16.

5. Certes, la dotation aux amortissements diminue le

résultat, pourtant l'amortissement est financièrement intéressant pour l'entreprise. Pourquoi ?

- La dotation aux amortissements est une charge non décaissable : ce n'est qu'une écriture comptable destinée à constater l'usure de l'immobilisation. Cette charge diminue donc le résultat comptable, mais ne diminue en rien la capacité financière de l'entreprise.
- En revanche, la dotation aux amortissements permet de diminuer le résultat fiscal, donc l'impôt lui-même : non seulement l'amortissement ne diminue pas la capacité financière de l'entreprise, mais il contribue même à l'augmenter, en entraînant une économie fiscale. Exemple :

EXEMPLE	Solution A	Solution B
Résultat courant avant amortissement	900	900
Dotation aux amortissements	300	150
Résultat fiscal	600	750
Impôt sur bénéfice	200	250
Résultat net comptable	400	500
Capacité d'auto-financement *	700	650

* Capacité d'auto-financement = Résultat avant amortissement - IS ou encore = RNC + Dotation aux amortissements.

On voit dans cet exemple que la solution B est meilleure pour le RNC mais pire pour la capacité financière.

6. Les coefficients d'amortissement dégressif sont : 1,5 pour les biens amortissables en 3 ou 4 ans, 2 pour les biens amortissables en 5 ou 6 ans, et 2,5 pour les biens amortissables en plus de 6 ans.

Dans l'exemple suivant, on retiendra donc le coefficient de 2.

Taux linéaire = 1/5 = 20 %.
Taux dégressif = 20 % x 2 = 40 %.

Amortissement linéaire : le taux linéaire s'applique à la valeur d'origine du bien.

Année	Valeur début	Dotation	Valeur fin
N1	1 000	100*	900
N2	900	200	700
N3	700	200	500
N4	500	200	300
N5	300	200	100
N6	100	100	0

* 100 = 1 000 × 20 % × 6/12 (prorata temporis).
L'application du prorata temporis en N1 entraîne l'existence d'une valeur résiduelle fin N5, d'où la nécessité de réaliser une dernière dotation en N6.

Amortissement dégressif : le taux dégressif s'applique à la valeur nette en début d'exercice, et non à la valeur d'origine du bien.

Année	Valeur début	Dotation	Valeur fin
N1	1 000	200*	800
N2	800	320**	480
N3	480	192	288
N4	288	144***	144
N5	144	144	0

*200 = 1 000 x 40 % x 6/12
**320 = 800 x 40 %
***Le plan d'amortissement peut être « bouclé » en amortissant de manière linéaire les dernières annuités. On passera du dégressif au linéaire quand ce dernier système devient plus « avantageux », c'est-à-dire permet de dégager des annuités plus importantes. Ici, en N3, le taux linéaire applicable à la fin du plan aurait été de 1/3, inférieur au taux dégressif de 40 %. En N4, le taux linéaire est de 1/2, supérieur à 40 % : à partir de N4, on amortit en linéaire.

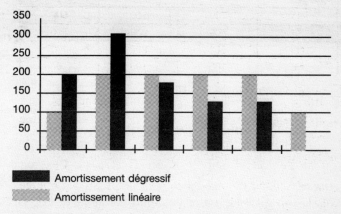

Amortissement dégressif
Amortissement linéaire

7. Faire des « provisions » de nourriture, c'est constituer des réserves en vue d'un besoin prévisible. De même, constituer une provision en fin d'exercice (quel que soit son objet), c'est « mettre de côté » une partie du résultat pour faire face à un prélèvement prévisible sur les ressources futures de l'entreprise. La provision est un prélèvement sur le résultat. Mais à la différence de l'amortissement, ce prélèvement n'est pas définitif, puisqu'il y a reprise. La provision a pour fonction de contraindre l'entreprise à prévoir et à ne pas surestimer ses ressources.

8.

RÉSULTAT N

Charges		Produits
Dotation aux provisions	10	

RÉSULTAT N+2

Charges		Produits	
Perte sur créances irrecouvrables	15	Reprises sur provisions	10

Incidence des écritures de provisions sur le résultat (avant impôt) en N = - 10.

Incidence des écritures de provisions sur le résultat (avant impôt) en N+2 = - 15 + 10 = - 5.

L'écriture de provision a donc permis de répartir la perte de 15 : 10 sur l'exercice N et 5 sur l'exercice N+2.

L'objectif est de faire supporter la totalité de la perte à l'exercice N, mais les prévisions ont péché par un léger excès d'optimisme...

9. Il existe bien deux sortes de provisions :
- La première catégorie de provisions vise à prévenir une dépréciation probable d'éléments d'actifs (stocks, clients, etc.). Ces provisions sont donc inscrites à

l'actif en diminution des valeurs brutes des postes concernés.

- Comme les précédentes, les provisions pour risques et charges visent à prévenir une perte. Cependant, celle-ci n'est pas imputable à une dépréciation de l'actif, mais à risques.

10. Un risque aisément mesurable (par les statistiques internes à l'entreprise) est donc attaché au montant des ventes (environ 1 % du chiffre d'affaires annuel de N), dont la moitié reste à venir sur l'exercice N+1.

Il convient donc de passer une provision pour risques de : 1 % x 5 000 x 1/2 = 25

68 Dotation aux provisions	15 Provision pour risques
25	25

11. Le comptable doit se référer au principe d'indépendance des exercices : toutes les charges de l'exercice (et rien que ces charges) sont imputables à l'exercice. Ces charges qui restent à enregistrer sont dites « charges à payer ».

Il ne faut donc pas attendre l'exercice suivant pour enregistrer la facture de matières.

60 Achats de matières	45 Etat, TVA	40 Fournisseurs
10 000	2 060	12 060

12. Le comptable ne se poserait pas de question s'il avait pris soin de solder, dès l'ouverture du nouvel exercice au 1er avril, le compte de charges à payer. En effet, s'il néglige d'effectuer cette « contre-passation », il comptabilisera deux fois la même facture, la première fois sur l'exercice clos en mars, la deuxième fois sur l'exercice suivant.

60 Achats de matières	1 / 4 / N 45 Etat, TVA	40 Fournisseurs
10 000	2 060	12 060

Quand il reçoit la facture le 25 avril, dont le montant peut d'ailleurs se révéler différent (on supposera par exemple qu'il est de 11 000 HT), le comptable enregistrera normalement l'opération :

60 Achats de matières	25 / 4 / N 45 Etat, TVA	40 Fournisseurs
11 000	2 266	13 266

13. L'annuité payable au 30 juin N+1 sera de :
- amortissement = 700 000 /7 = 100 000.
- intérêt = 700 000 x 10 % = 70 000.

Au 31 décembre N, l'emprunt figure toujours dans les dettes pour 700 000. Mais il convient d'imputer aux comptes de l'exercice les intérêts dus pour la période d'emprunt courue en N de 6 mois, soit 35 000. Ces intérêts étant dus à la banque, on peut les ajouter au montant du capital. Ces intérêts de 35 000 sont appelés des « intérêts courus non échus » et sont un cas particulier de « charge à payer ».

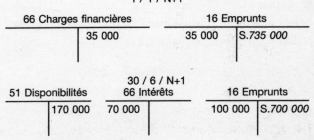

Au 1ᵉʳ janvier N+1, on passe l'écriture inverse et les intérêts annuels seront intégralement enregistrés au 30 juin N+1, en même temps que la fraction du capital sera remboursée.

14. Les produits imputables à l'exercice mais non encore enregistrés à la date de clôture de l'exercice sont appelés des « produits à recevoir ». Il convient de passer normalement l'écriture au 31 décembre N et de la contre-passer au 1ᵉʳ janvier N+1.

41 Clients	31 / 12 / N 44 Etat, TVA	70 Ventes
1 206	206	1 000

41 Clients	1 / 1 / N+1 44 Etat, TVA	70 Ventes
	206	
1 206		1 000

Quand la facture sera définitivement établie courant janvier, on l'enregistrera normalement ; l'effet de cette écriture dans les comptes de N+1 sera « annulé » de fait par l'écriture du 1er janvier. La vente est bel et bien imputée à l'exercice N.

15. Oui, de grosses charges peuvent être étalées dans le temps, avant qu'elles aient été engagées (provisions pour charges à répartir) aussi bien qu'après (charges à répartir sur plusieurs exercices).

- **Avant :** provisions pour charges à répartir.
Soit une charge de 900, pour une réparation à prévoir dans trois ans, en N+2.
Ecriture au 31-12 N et au 31-12-N+1 :

68 Dotation aux provisions	15 Provision pour charges à répartir
300	300

Supposons que la charge se monte finalement à 1 000 en N+2. Le résultat de N+2 sera affecté comme suit :

RÉSULTAT N+2

Charges		Produits	
Réparation	1 000	Reprise sur provision	600

L'écriture a bien comme conséquence de répartir la charge sur trois exercices, de la façon suivante : 300 en N, 300 en N+1 et 400 (=1 000 - 600) en N+2.

- **Après** : charges à répartir sur plusieurs exercices.
Soit une grosse réparation de 900 constatée en N, non prévue et non provisionnée antérieurement, mais assurant la maintenance d'une immobilisation pour les trois années suivantes.

481 Charges à répartir		6... Charges		68 Dotations aux amortissements	
900	300	S.*900*	900	300	

16. Le compte de « charges constatées d'avance » n'apparaît pas dans le Résultat, en dépit de son intitulé : c'est un compte de régularisation, qui figure à l'actif du bilan.

Ce compte découle du principe « d'indépendance des exercices comptables » : le résultat d'un exercice doit intégrer tous les produits et charges de l'exercice, mais rien que ces produits et charges. C'est pourquoi si une charge a été constatée en année N alors que la consommation n'interviendra qu'en année N+1, il faut opérer une régularisation.

Exemple : on a enregistré en N une facture de fournitures (pour 30 000) auxquelles on n'a pas touché ; elles ne seront consommées qu'en N+1. On régularise donc la situation de la façon suivante :

```
                    31 / 12 / N
   60 Fournitures            48 Charges constatées
                                  d'avance
─────────────────────       ─────────────────────
 S.30 000  │ 30 000           30 000  │
           │                          │
```

17. La question n'a pas de sens : les « produits constatés d'avance » ne sont pas des produits, mais un compte de dette au passif du bilan.

Exemple : on a enregistré le 1er novembre 60 000 pour location d'un hangar à un tiers : loyer semestriel à échoir. Sur cette somme, 4 mensualités sont imputables à l'exercice suivant, sur lequel elles doivent être reversées. On passera donc l'écriture suivante :

```
                    31 / 12 / N
  70 Produits annexes         48 Produits constatés
                                   d'avance
─────────────────────       ─────────────────────
  40 000  │ S.60 000                  │ 40 000
          │                           │
```

18. A l'ouverture de l'exercice suivant, les comptes de charges et de produits constatés d'avance sont soldés par le débit des comptes de charges et par le crédit des comptes de produits concernés. Ainsi, on réalise donc l'objectif fixé : transférer de l'exercice N sur l'exercice N+1 les charges et produits constatés en N mais imputables à N+1, conformément au principe d'indépendance des exercices.

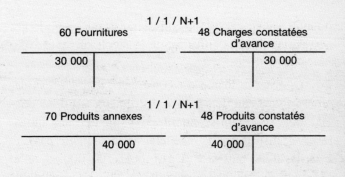

19. L'affectation du Résultat obéit à la procédure suivante :

BASE	AFFECTATION
Bénéfice net + Report à nouveau positif + Prélèvement (éventuel) sur réserves libres = *Bénéfice distribuable* = *Autres réserves + Report à nouveau***	- Dotation à la réserve légale* - Réserve statutaire - Intérêts statutaires - Dividendes prioritaires - Dividendes ordinaires

*La dotation à la réserve légale est calculée sur la base du bénéfice net comptable diminué du report à nouveau négatif le cas échéant. La dotation annuelle doit être d'au moins 5 % de cette base, jusqu'à ce que la réserve atteigne au moins 10 % du capital.

**Après distribution des dividendes, il reste à répartir le résidu entre les autres réserves et le report à nouveau. L'affectation de ce dernier est renvoyée à l'AG des actionnaires décidant de la répartition du résultat de l'exercice suivant.

20. La réserve légale est constituée, il n'y a pas de report à nouveau, le bénéfice distribuable est donc de : 500 000 (l'entreprise aurait pu y ajouter les autres réserves distribuables, mais elle ne le souhaite pas).
Elle est donc autorisée à distribuer 500 000. Si elle s'en tient à sa pratique antérieure, elle pourrait donc distribuer 30 % de 500 000, soit 150 000.

Une autre question est de savoir si elle a intérêt à le faire. Au 31 décembre, elle n'avait que 100 000 en trésorerie, mais elle aurait pu « épargner » des liquidités sur les recettes de N+1 en vue de dégager 150 000 distribuables. Or, elle a fait le choix de consacrer ses ressources propres à sa croissance par rachat d'une petite société. Distribuer 150 000 de dividendes l'obligerait à payer des agios bancaires de découvert ou des intérêts sur emprunts. Elle peut le faire, mais on peut penser que, dans cet exemple, les actionnaires ont préféré augmenter la valeur de leur entreprise, plutôt que leurs revenus courants : ils ont arbitré entre deux formes d'augmentation de leur richesse.

APPLICATION N° 5

1. Constitution de la société

Le 1ᵉʳ octobre N, on constitue une société par apport de 150 en numéraire et de mobilier pour 60. Les frais d'établissement sont inscrits à l'actif pour 12. L'exercice sera clos le 31 décembre. On passe commande en novembre de matières premières pour 30 (frais d'achats inclus) payées comptant, mais la production ne commencera qu'en N+1.

On prendra un taux de TVA arrondi à 20 %.

Passez les écritures de l'exercice N dans les comptes. La TVA au titre de cet exercice sera soldée en N+1.

2. Premiers bilan et résultat

Les frais d'établissement sont amortissables linéairement sur 3 ans, et le mobilier sur 5 ans.

Passez les écritures de fin d'exercice N, et faites le résultat et le bilan au 31 décembre N.

3. Evaluation des coûts (d'achat, de production) et des stocks

Le recensement des productions mensuelles en N+1 se présente ainsi (en août l'entreprise est fermée) :

	Janvier	Février	Mars	Avril	Mai	Juin	Juillet	Septembre	Octobre	Novembre	Décembre
Prix d'achat des matières	cf. stock	20	30	40	30	30	15	15	40	40	30

Les matières sont achetées en début de chaque mois et immédiatement transformées. Le coût des matières consommées est évalué en appliquant au prix d'achat un coefficient multiplicateur de 1,2. Le coût de production est égal au coût des matières augmenté des frais de personnel de production.

Le stock de matières au 31 décembre N+1 est de 5, et celui de produits finis est de 9.

La masse salariale brute mensuelle à la production est de 10, dont charges salariales de 2, plus charges patronales de 3.

La marge sur coût de production (prix de vente - coût de production) est égale à 30 % du prix de vente.

Calculez pour toute l'année N+1 le montant des achats et celui des consommations de matières, ainsi que le montant de la production de l'exercice et celui des ventes.

4. Opérations courantes

Courant N+1, le gérant de l'entreprise a manqué à tous ses devoirs comptables : il n'a passé aucune écriture au jour le jour... A l'approche du 31 décembre N+1, il enregistre toutes les opérations de l'année.

Règlement de la TVA due au titre de N.
Début janvier, une machine est rentrée en service, acquise en crédit-bail : valeur d'origine 200, amortissement sur 5 ans, redevance annuelle de 60 payable en fin d'année.
Des installations sont faites début mars pour 60 h.t. payés comptant. Elles sont amorties en régime dégressif sur 5 ans.
On a racheté les parts sociales d'une petite société évaluée à 140. Pour financer cette acquisition, un emprunt bancaire de 80 au taux d'intérêt de 10 % a été contracté, remboursable par amortissements constants sur 5 ans ; la première annuité de remboursement interviendra le 1er avril N+2.
Les factures de France-Télécom se sont montées à 1 ; 1 ; 1,5 et 1,5 h.t. payées par prélèvement automatique.
Divers services extérieurs payés comptant ont représenté 15 h.t.
Un contrat d'assurance a été signé, qui court à compter du 1er avril N+1 ; prime annuelle de 10.
Les seuls salaires versés sont ceux de la production.
Les charges sociales sont comptabilisées par trimestre et réglées au cours du mois suivant le trimestre échu.

Les achats de matières sont réglés au cours du mois suivant.
Fin décembre, il restait encore 50 de créances clients à encaisser.
L'entreprise est dispensée de tout impôt en N+1.

Passez les écritures de l'exercice N+1 dans les comptes.

5. Les écritures de fin d'exercice

La prime d'assurance est payable d'avance, tandis que les intérêts sur emprunt sont à échoir.
La dernière facture, non encore parvenue, devrait couvrir 5 h.t. pour des services divers intervenus en N+1.
Une vente de 30 a été enregistrée, alors que la facture n'a pas encore été reçue.
Une créance de 20 se révèle douteuse, il est à craindre qu'on n'en récupère pas davantage que la moitié.
Le montant des stocks ainsi que les conditions d'amortissement ont été donnés dans les questions précédentes.

Passez les écritures de fin d'exercice N+1.

6. Le grand-livre des comptes

Regroupez toutes les écritures précédentes par compte,

sans oublier de reprendre le solde initial de chacun des comptes.

7. Les états de synthèse

Faites le résultat et le bilan au 31 décembre N+1.

Corrigé de l'application n° 5

1. Constitution de la société

Ecritures entre le 1ᵉʳ octobre N et le 31 décembre N :

21 Mobilier		10 Capital		51 Banque	
60			150	150	12
			60		36

20 Frais d'établissement		60 Achat de matières		45 TVA	
12		30		6	

2. Premiers bilan et résultat

Ecritures de fin d'exercice au 31 décembre N :

218 Amortissement du mobilier		68 Dotations aux amortissements		31 Stock de matières	
	3	3		30	
		1			

208 Amortissement des frais d'établissement		603 Variation de stocks	
	1		30

Il faut appliquer un *prorata temporis* de 1/4 (3 mois sur 12) au premier amortissement des frais d'établissement et du mobilier :
60 x 1/5 x 1/4 = 3
12 x 1/3 x 1/4 = 1

RÉSULTAT au 31/12/N

CHARGES			PRODUITS
Achats de matières	30		
- variation de stocks matières	- 30		
Dotation aux amortissements	4	Perte	4
Total	4	Total	4

BILAN au 31/12/N

ACTIF	Brut		Net	PASSIF	
Frais d'établissement	12	1	11	Capital	210
Mobilier	60	3	57	Perte	- 4
Stocks de matières	30		30		
Créance de TVA	6		6		
Disponibilités	102		102		
Total	210	4	206	Total	206

3. Evaluation des coûts (d'achat, de production) et des stocks

Les achats de l'exercice, de février à décembre, se montent à 290 h.t. Mais, le prix d'achat des consommations de l'exercice sont de : 30 (stock initial) + 290 - 5 (stock final) = 315.
Le coût de la production de l'exercice est égal au coût

des matières consommées (315 x 1,2 = 378), augmenté des frais de personnel de production (13 x 12 mois = 156), soit 378 + 156 = 534.

Sachant qu'il y a des produits finis en stocks pour une valeur de 9, on en déduit que le coût de production des produits vendus se monte à 534 - 9 = 525.

Le montant des ventes de l'exercice est le chiffre d'affaires CA tel que :

CA - 525 = 30% x CA
donc 0,70 x CA = 525
et CA = 750

4. Opérations courantes

La créance de TVA n'est pas remboursée par le fisc mais imputée sur les dettes ultérieures.

Achats de matières :

60 Achat de matières	45 TVA	51 Banque
290	58	312

		40 Fournisseurs
		36

Remarque : tous les achats ont été décaissés (t.t.c.), sauf ceux de décembre qui ne seront réglés qu'en janvier suivant et figurent donc encore en dette fournisseurs.

Ventes de produits :

70 Ventes de produits	45 TVA	51 Banque
750	150	850

		41 Clients
		50

Remarque : toutes les ventes ont été encaissées, sauf 30 qui restent à percevoir. Il y a donc eu 850 de « rentrées » bancaires.

Règlement de la redevance de crédit-bail :

61/62 Services extérieurs	51 Banque
60	60

Acquisition des installations :

21 Installations	45 TVA	51 Banque
60	12	72

Rachat d'une société :

26 Titres de participation	51 Banque
140	140

Emprunt bancaire :

16 Emprunt	51 Banque
| 80	80 |

Factures de France-Télécom :

61/62 Services extérieurs	45 TVA	51 Banque
5 |	1 |	| 6

Divers services extérieurs :

61/62 Services extérieurs	45 TVA	51 Banque
15 |	3 |	| 18

Prime d'assurance :

61/62 Services extérieurs	51 Banque
12 |	| 12

Salaires et charges sociales :

3 mois de charges salariales = 3 x 2 = 6
3 mois de charges patronales = 3 x 3 = 9
soit un total de 15 de charges sociales restant à payer

64 Rémunérations (salaires)	43 Organismes sociaux	51 Banque
120	15	141

64 Rémunérations (charges)
36

5. Les écritures de fin d'exercice

Prime d'assurance :

La prime annuelle d'assurance de 12 payée d'avance couvre 9 mois de l'exercice N+1 en cours et 3 mois de l'exercice ultérieur : la partie de la prime correspondant à ces 3 mois ne doit pas rester dans les charges de N+1.

12 x 3/12 = 3

61/62 Services extérieurs	48 Charges constatées d'avance
3	3

Intérêts sur emprunt courus non échus :

80 x 10 % x 9/12 = 6

66 Intérêts	16 Intérêts non échus
6	
	6

Services divers :

61/62 Services extérieurs	40 Fournisseurs, factures non parvenues
5	
	5

Vente enregistrée prématurément :

70 Ventes	48 Produits constatés d'avance
30	
	30

Provision pour créance douteuse :

Remarque : la totalité de la créance douteuse est préalablement virée dans un compte de « Clients douteux ou litigieux » ; mais au bilan, ce compte est regroupé avec celui des clients « ordinaires ».

491 Provision pour dépréciation des créances	68 Dotations aux provisions
	10
10	

Amortissements

Le plan d'amortissement des frais d'établissement et du mobilier se poursuit, mais la dotation est calculée sur la base d'une année entière, soit 12 et 4.

Les installations acquises 60 début mars sont amorties en dégressif sur 5 ans (coefficient = 2) :

La première annuité se calcule avec un prorata de 10/12, soit 60 x 1/5 x 2 x 10/12 = 20.

La deuxième annuité sera de : (60 - 20) x 1/5 x 2 = 16, etc.

218 Amortissement des installations	218 Amortissement du mobilier	208 Amortissement des frais d'établissement
	20		12		4

68 Dotations aux amortissements
20
12
4

Stocks

31 Stock de matières	603 Variation de stocks
5	30	30	5

35 Stock de produits	713 Production stockée
9			9

6. Le grand-livre des comptes

Les soldes initiaux, quand il y en a, sont repris en italiques.
Les stocks finals sont en italiques et en gras.

Comptes de résultat

60 Achat de matières	
290 (solde déb.)	***290***

70 Ventes de produits	
30	750 (solde créd.)
720	

61/62 Services extérieurs	
60	3
5	
15	
12	
5	
(solde déb.)	***94***

64 Rémunérations	
120	
36	
(solde déb.)	***156***

603 Variation de stocks	
30 (solde déb.)	5
	25

713 Production stockée	
	9
9	(solde créd.)

68 Dotations aux amortissements et aux provisions	
20	
12	
4	
10 (solde déb.)	*46*

66 Intérêts	
6 (solde déb.)	*6*

Comptes de bilan

Actif

21 Installations	
60 (solde déb.)	*60*

21 Mobilier	
60 (solde déb.)	*60*

21 Frais d'établissement	
12 (solde déb.)	*12*

218 Amortissement des installations	
20	20 (solde créd.)

218 Amortissement du mobilier	
15	*3* 12 (solde créd.)

208 Amortissement des frais d'établissement	
5	*1* 4 (solde créd.)

26 Titres de participation	
140 (solde déb.)	*140*

130 • Etape V

```
   31 Stock de          35 Stock de
    matières             produits
────────────────    ──────────────────
   30    │  30           9    │
    5    │   5        (solde │  9
 (solde  │            déb.)  │
  déb.)  │
```

```
   41 Clients        40 Fournisseurs    43 Organismes
                                           sociaux
───────────────     ────────────────    ──────────────
   50    │                │   36         15  │  15
 (solde  │   50           │    5             │ (solde
  déb.)  │            41  │ (solde           │  créd.)
         │                │  créd.)
```

```
  48 Charges        491 Provision pour
  constatées         dépréciation des
   d'avance             créances
───────────────     ──────────────────
    3    │                │   10
 (solde  │   3         10 │ (solde
  déb.)  │                │  créd.)
```

```
         51 Banque
    ───────────────────
       102  │  312
       850  │   60
        80  │   72
            │  140
            │    6
            │   18
            │   12
            │  141
     (solde │  271
      déb.) │
```

Passif

```
    16 Emprunt              45 TVA            48 Produits
                                              constatés
                                              d'avance
─────────────────    ────────────────────    ─────────────────
           80         6  │ 150                       │ 30
            6        58  │                  30       │ (solde
    86   (solde      12  │                           │  créd.)
         créd.)       1  │
                      3  │
                     70  │ (solde
                         │  créd.)
```

7. Les états de synthèse

RÉSULTAT au 31/12/N+1

CHARGES			PRODUITS
Achats de matières	290	Ventes	720
+ variation de stocks matières	25	+ Production stockée	9
Services extérieurs	94		
Frais de personnel	156		
Dotations aux amortissements	46		
Intérêts	6		
Bénéfice	112		
Total	729	Total	729

BILAN au 31/12/N+1

ACTIF	Brut	Am. & provis.	Net	PASSIF	
Frais d'établissement	12	5	7	Capital	210
Installations	60	20	40	Report à nouveau	- 4
Mobilier	60	15	45	Résultat de l'exercice	112
Titres de participation	140		140	Emprunt	86
Stocks de matières	5		5	Fournisseurs	41
Stocks de produits	9		9	TVA due	70
Clients	50	10	40	Organismes sociaux	15
Disponibilités	271		271	Produits constatés d'avance	30
Charges constatées d'avance	3		3		
Total	610	50	560	Total	560

ÉTAPE VI

APPROFONDISSEMENT...

ÉTAPE VI

APPROFONDISSEMENT...

QUESTIONS

☐ **1.** La liasse fiscale, c'est l'annexe, et réciproquement. Vrai ou faux ?

☐ **2.** Les documents de synthèse comptables sont confidentiels, sauf si le chef d'entreprise en décide autrement. Vrai ou faux ?

☐ **3.** Le résultat fiscal, c'est le résultat courant avant impôt. Vrai ou faux ?

☐ **4.** Un emprunt obligataire est émis par l'entreprise : 5 000 nominal, prix d'émission 4 800, valeur de remboursement 5 100. Quelles sont les primes d'émission et de remboursement ? Comment l'opération ressort-elle du bilan ?

☐ **5.** Nos fournisseurs, payés au comptant jusqu'alors, proposent de nous accorder un délai de paiement. Cela a-t-il une influence sur notre trésorerie ?

☐ **6.** Nous décidons de réduire le délai de paiement accordé à une certaine clientèle (de toute façon captive) : cela a-t-il une incidence sur notre trésorerie ?

☐ **7.** Les « comptes courants d'associés » doivent-ils être ouverts à la même banque ?

☐ **8.** Auprès de qui l'entreprise peut-elle contracter des dettes financières ?

☐ **9.** La réserve légale est-elle déposée auprès de la Banque de France ou de la caisse des Dépôts et Consignations ?

☐ **10.** La distinction entre charges et immobilisations est-elle intangible ? Citez trois exemples montrant sa relativité.

☐ **11.** L'affectation du résultat modifie-t-elle le total du bilan ?

☐ **12.** Peut-on retrouver le montant des investissements de l'année N en calculant :
Immobilisations brutes (N) - Immo brutes (N-1) ?

☐ **13.** Quels sont les deux sens possibles de « prime d'émission » ? La prime d'émission est-elle facultative ? Donnez des exemples.

☐ **14.** L'escompte d'effets de commerce libère-t-il l'entreprise de sa responsabilité ?

☐ **15.** Est-il vrai que : amortissements (N) = amortissements (N-1) - RAP (N-1) + DAP (N-1) ?

☐ **16.** En faisant la moyenne des dettes financières figurant dans deux bilans successifs, obtient-on le niveau moyen des dettes financières de l'année ? Illustrez votre réponse par l'exemple d'une entreprise ayant une dette de 100 au 31-12-N (dont 60 remboursables fin février N+1) et qui contracte un emprunt de 500 le 1er décembre N+1. Calculez aussi les intérêts pour un taux annuel de 12%.

☐ **17.** Les dettes non financières sont-elles des dettes d'exploitation ?

☐ **18.** Les immobilisations acquises en crédit-bail figurant à l'actif sont-elles détaillées dans l'annexe ?

☐ **19.** Résultat net signifie-t-il « net de dividendes » ?

☐ **20.** Le solde résultant de l'opération suivante a-t-il un sens :
RNC + Dotations aux amortissements et provisions - Reprises sur amortissements et provisions ?

ÉTAPE VI

APPROFONDISSEMENT...

RÉPONSES

1. La liasse n'inclut pas seulement l'annexe, mais aussi le bilan et le résultat. De plus, l'annexe existe indépendamment de la liasse : elle est un dossier développant des informations complémentaires sur les acquisitions, les amortissements et provisions, les créances et dettes, les engagements hors bilan, etc. Mais les documents de la liasse fiscale peuvent tenir lieu d'annexe.

2. Les sociétés de capitaux sont tenues de déposer leurs états de synthèse auprès du greffe du tribunal de commerce dont dépend leur siège social. Ces états sont donc publics. Les sociétés qui ne respectent pas cette obligation supportent une amende (pas toujours dissuasive, il est vrai...). Le refus de publicité est souvent un signal de la fragilité financière de l'entreprise.

La publicité des comptes explique qu'ils soient proposés à la consultation du public sur minitel ou sur CD-Rom, moyennant un prix d'usage.

Les entreprises de personnes ne sont pas tenues à publier, mais seulement à justifier de leurs comptes auprès de l'administration fiscale. Une exception : les sociétés de personnes dont les associés sont des sociétés de capitaux sont désormais soumises au même régime de publicité que les sociétés de capitaux elles-mêmes.

3. Il faut distinguer le résultat courant avant impôt et le résultat fiscal.

Le résultat courant avant impôt (RCAI) est un « solde intermédiaire de gestion » ainsi défini :
Résultat d'exploitation + Résultat financier + Quote-part de résultat sur opérations en commun.

Le résultat fiscal est égal à :
produits imposables - charges déductibles + plus-values nettes.
- Parmi les charges non déductibles : rémunération du travail de l'exploitant et avantages personnels non déductibles, dépenses somptuaires, etc.
- Parmi les produits non imposables : dividendes déjà imposés dans une filiale, etc.

A noter que les plus-values nettes de cession à long terme ne sont pas incluses dans le résultat fiscal, car elles sont imposées à un taux différent et inférieur à celui du résultat.

4. L'obligation est émise à 5 000 nominal. Il y a donc ici deux primes :
- prime à l'émission = 5 000 - 4 800 = 200 (Attention :

ne pas confondre cette prime d'émission avec celle évoquée à la question 13...) ;
- prime au remboursement = 5 100 - 5 000 = 100.

En comptabilité, on ne distingue pas ces deux primes, qui sont regroupées dans le poste du bilan de « primes de remboursement ». Celles-ci sont amorties sur la durée de l'emprunt.

BILAN

Actif		Passif	
Disponibilités	4 800		
Primes de remboursement	300	Emprunts obligataires	5 100

5. Si les fournisseurs nous accordent un délai de paiement, la trésorerie de l'entreprise va s'en trouver augmentée, toutes choses égales par ailleurs.

Par exemple, supposons que l'entreprise réalise tous ses achats mensuels, pour 1 000, le 15 de chaque mois, payés comptant. Supposons encore que le 15 décembre N, elle obtienne un délai d'un mois de règlement. Dans le bilan du 31 décembre N, elle constatera pour la première fois une dette fournisseurs de 1 000. Cette somme n'étant pas sortie de sa trésorerie, le poste disponibilités est supérieur de 1 000 à ce qu'il aurait été sans le crédit fournisseurs.

Le même raisonnement s'appliquerait à une augmentation des délais de règlement.

6. Si l'entreprise réduit le délai de paiement accordé à une certaine clientèle, elle accélère l'encaissement de ses ventes au moment même où elle impose cette mesure. Supposons qu'il y ait un encours de créances de 5 000, correspondant à deux mois de crédit accordés et qu'à partir du 1er décembre ce délai soit réduit à un mois : au bilan du 31 décembre, le poste clients sera ramené à 2 500 et les disponibilités seront augmentées d'autant.

7. La question n'a pas de sens... Les comptes courants d'associés ne sont pas ouverts auprès d'une banque, mais auprès de leur propre société. Il s'agit de prêts effectués par les associés à l'entreprise ; ils figurent donc parmi les dettes, au passif de l'entreprise.

Ces comptes courants peuvent être constitués pour aider l'entreprise à traverser une période de crise de trésorerie.

Les comptes courants sont plus souvent un engagement durable et un substitut à une augmentation de capital vis-à-vis de laquelle ils présentent plusieurs avantages :
- ils évitent les formalités administratives ;
- ils offrent la possibilité aux associés de récupérer leur engagement en cas de menace de défaillance ;
- la rémunération des comptes courants est déductible des résultats de la société.

8. Les dettes financières peuvent avoir deux origines : soit les investisseurs (autres entreprises, particuliers, fonds d'investissement), soit les associés et (pour un groupe) une autre société du même groupe.

L'emprunt contracté auprès d'un seul partenaire, du type de l'emprunt bancaire traditionnel, est dit « emprunt indivis ». A l'inverse, l'emprunt obligataire est divisé en parts pour pouvoir être souscrit par plusieurs investisseurs : il y a potentiellement autant d'investisseurs que de parts.

9. La réserve légale n'est déposée nulle part... Elle n'est qu'une affectation comptable du résultat : elle sert à limiter, surtout dans les premières années de la société, la part du résultat distribuable aux actionnaires, de façon à renforcer les garanties offertes par la société aux tiers.

10. Non, la distinction entre charges et immobilisations n'est pas intangible.

- 1er exemple : l'amortissement.
Les dotations aux amortissements traitent la dépréciation des actifs comme une consommation : amortir une machine, c'est imputer une partie de la valeur de cette machine aux charges de l'exercice. On peut donc considérer que l'entreprise a consommé une « fraction de machine », de même qu'elle a consommé de l'énergie, des matières, etc.

- 2e exemple : l'activation des charges.
Des « dépenses » initialement enregistrées en charges peuvent être transférées en actif : il en est ainsi des « charges à répartir sur plusieurs exercices », de la

« production immobilisée » ou des « frais d'établissement ».

- 3ᵉ exemple : l'outillage.

Un outil ressort a priori des immobilisations. On peut cependant admettre que le petit outillage (tournevis, etc.) s'apparente davantage à une consommation qu'à un investissement. Faut-il alors étendre le raisonnement à la perçeuse, à la scie électrique, etc. ?... On est ainsi conduit à introduire une frontière (forcément) arbitraire entre l'outillage « consommé » et l'outillage « investi », et le critère retenu par le fisc est celui du prix d'achat de l'outillage (10 000 F h.t. en 1995).

11. Lorsque le résultat est ventilé entre ses diverses affectations, le passif change dans sa composition mais pas dans son total. Dans le bilan après répartition :
- le poste « Résultat » disparaît ;
- les postes de « Réserves » et de « Report à nouveau » sont modifiés dans leur montant ;
- les dividendes éventuels sont virés dans un compte de dettes.

C'est seulement quand les dividendes sont effectivement versés aux actionnaires que le total du bilan diminue, puisque le poste de disponibilités diminue à l'actif, en même temps que la dette à l'égard des actionnaires au passif est soldée.

12. Non, on ne peut pas retrouver le montant des investissements de l'année N par la différence :

Immobilisations brutes (N) - Immo brutes (N-1).

En effet, courant (N), on a pu procéder à des cessions d'immobilisations d'une part et à des mises au rebut de matériels usagés d'autre part. Dans chacun de ces cas, les immobilisations sorties de l'entreprise sont aussi « sorties » des comptes, pour la même valeur historique à laquelle elles avaient été enregistrées lors de leur entrée.

On a donc : Immobilisations brutes (N) - Immo brutes (N-1) = Investissements - Cessions et mises au rebut (à leur valeur d'origine).

13. Le terme de « prime d'émission » est utilisé dans deux sens.

- 1er sens : à l'émission d'un emprunt obligataire, lorsque l'entreprise offre au souscripteur un prix de souscription inférieur au nominal de l'obligation. C'est un choix financier tout à fait facultatif. Cette prime est enregistrée à l'actif du bilan dans le poste « prime de remboursement » (voir l'exemple de la question 4 ci-dessus).

- 2e sens : il existe un poste au passif du bilan intitulé « prime d'émission », situé juste après le poste capital. Cette prime d'émission intervient lors d'une augmentation du capital. Lors de la constitution de la société, les actions sont souscrites pour leur valeur nominale : prix d'apport = nominal de l'action. Mais, avec le temps, l'entreprise prend de la valeur et, lors d'une augmentation de capital, le prix de vente des actions nouvelles sera supérieur à leur montant nominal. Par exemple, une action de nominal 100 F se souscrira à 700 F ; la différence est la prime d'émission. Si 1 000 actions sont émises, les postes du bilan seront affectés de la façon suivante (en KF) :

BILAN

Actif		Passif
	Capital	+ 100
Disponibilités + 700	Prime d'émission	+ 600

14. L'escompte d'effets de commerce ne libère pas l'entreprise de sa responsabilité. L'escompte consiste à vendre à la banque un effet dont on est bénéficiaire, dans le but de percevoir le montant de cet effet avant son échéance. Entre la date d'escompte et l'échéance de l'effet, la banque fait crédit de son montant, elle prélève donc des intérêts ainsi qu'une commission de service, l'ensemble constituant les agios. Mais, si le tiré n'honore pas sa dette à l'échéance, la banque est en droit de se retourner contre le bénéficiaire qui lui a cédé un effet « en bois ». C'est pourquoi on considère que le montant des « effets escomptés non échus » ne constitue pas une trésorerie définitivement acquise.

15. Non, il n'est pas vrai que : amortissements (N) = amortissements (N-1) - RAP (N-1) + DAP (N-1).

En effet, il faut tenir compte des cessions (et mises au rebut) d'immobilisations. Celles-ci s'accompagnent du solde de leur compte d'amortissement, de sorte que :

amortissements (N) = amortissements (N-1) - RAP (N-1) + DAP (N-1) - amortissements des cessions et rebuts.

16. Non, la moyenne des dettes financières figurant dans deux bilans successifs n'indique pas le niveau moyen des dettes, en particulier si de nouvelles dettes ont été contractées pendant l'exercice. Dans l'exemple proposé, l'entreprise est endettée de 100 au 31-12-N, rembourse 60 fin février N+1 et contracte un emprunt de 500 le 1er décembre N+1. Au bilan du 31-12-N+1, le poste de dettes financières se montera à : 100 - 60 + 500 = 540.

La moyenne de ce poste d'un bilan à l'autre donnerait : (100 + 540) /2 = 320. Or, courant N+1, la dette s'est montée à 100 de janvier à février, à 40 de mars à novembre et 540 en décembre. La notion même de « dette moyenne » n'a donc pas beaucoup de sens.

Si le taux d'intérêt annuel est de 12 %, (soit un taux d'intérêt mensuel de 1%), les intérêts annuels de l'exercice N+1 sont de :
1% x (2 mois x 100 + 9 mois x 40 + 1 mois x 540) = 1% x (200 + 360 + 540) = 11.

En rapportant cet intérêt effectivement supporté au pseudo montant « moyen » de 320, on obtiendrait 11 /320 = 3,4% l'an. On voit bien que ce taux de 3,4% est fort éloigné du taux de 12 % effectivement supporté, ce qui confirme le caractère non significatif du montant de 320. Tout le problème vient de ce que le bilan est un inventaire à une date fixe : dans cet exemple, si le bilan était clos le 31 novembre, le poste des dettes serait ressorti à 40, au lieu de 540...

17. Oui, on peut dire que les dettes non financières sont des dettes d'exploitation au sens large. Toutefois, le plan comptable général retient une définition plus restrictive de l'exploitation, celle-là même qui délimite les « charges et produits d'exploitation ». Selon le PCG, les dettes non financières peuvent donc être réparties entre dettes d'exploitation et dettes hors exploitation (la distinction ne ressort au bilan que dans la version développée).

Les dettes d'exploitation sont les dettes engendrées par les charges d'exploitation : dettes envers les fournisseurs, le personnel et les organismes sociaux, et le fisc (pour la TVA et les impôts et taxes).

Les dettes hors exploitation sont les dettes non liées à des charges d'exploitation : dettes envers les actionnaires, dettes envers le fisc (pour l'impôt sur les sociétés), etc.

18. Piège : les immobilisations acquises en crédit-bail ne figurent pas à l'actif.

Mais oui, l'annexe doit être précise, sur les opérations de crédit-bail. Elle doit indiquer : la valeur d'origine des biens, le montant des redevances de l'exercice et cumulées ; les amortissements de l'exercice et cumulés qui auraient été pratiqués en cas d'acquisition ; les redevances restant à payer.

Remarque : l'annexe doit donc être plus exhaustive

que la liasse fiscale qui ne mentionne que les engagements de crédit-bail mobilier et immobilier (redevances restant dues).

19. Le terme de « Résultat net » ne signifie pas « net de dividendes », mais net de toutes charges en général et net d'impôt sur les bénéfices en particulier. Les dividendes constituent un prélèvement sur le résultat net.

20. Le solde résultant de l'opération RNC + DAP - RAP a un sens.

En effet, les dotations aux amortissements et provisions sont des charges non décaissables et les reprises sur provisions (et amortissements) sont des produits non encaissables. De sorte qu'en éliminant ces produits et charges du Résultat net comptable, on trouve un résultat *encaissable*, permettant d'évaluer le flux financier dégagé par l'activité de l'entreprise. Il s'agit donc d'une capacité d'autofinancement avant distribution de dividendes.

APPLICATION N° 6

La société de distribution Debaeck SARL a été reprise fin 1991, et l'acquéreur M. Danlheau avait fait les prévisions suivantes :

RÉSULTATS PRÉVISIONNELS FIN 1991

RÉSULTAT	1992	1993	1994	1995
Ventes	1 248,0	1 300,0	1 430,0	1 560,0
Achats	960,0	1 000,0	1 100,0	1 200,0
Variation de stocks	30,0	3,3	8,3	8,3
Services	30,0	30,0	30,0	30,0
Rémunération	170,0	170,0	170,0	170,0
Intérêts/emprunt	20,0	16,0	12,0	8,0
Dotation aux amortissements	75,0	75,0	82,5	82,5
Résultat courant avant impôt	23,0	12,3	43,8	77,8
Impôt sur les bénéfices	7,7	4,1	14,6	25,9
Résultat net comptable RNC	15,3	8,2	29,2	51,9

BILANS PRÉVISIONNELS FIN 1991

ACTIF	Début	1992	1993	1994	1995
Immobilisations brutes	500,0	500,0	500,0	550,0	550,0
– amortissements	0,0	–75,0	–150,0	–232,5	–315,0
Immobilisations nettes	500,0	425,0	350,0	317,5	235,0
Stocks	50,0	80,0	83,3	91,7	100,0
Clients	0,0	249,6	260,0	286,0	312,0
Disponibilités	50,0	5,0	5,2	7,6	77,7
Total	600,0	759,6	698,6	702,8	724,7

PASSIF	Début	1992	1993	1994	1995
Capital	400,0	400,0	400,0	400,0	400,0
Report + Réserves	0,0	0,0	15,3	23,6	52,8
Résultat		15,3	8,2	29,2	51,9
Emprunt	200,0	160,0	120,0	80,0	40,0
Fournisseurs		144,0	150,0	165,0	180,0
Découverts		40,3	5,0	5,0	0,0
Total	600,0	759,6	698,6	702,8	724,7

Las, de l'eau a coulé sous les ponts, et fin 1995 la société Debaeck-Danlheau présente les comptes suivants :

RÉSULTATS RÉELS

	1992	1993	1994	1995
Ventes	1 200,0	1 252,8	920,0	910,8
Achats	960,0	1 044,0	800,0	792,0
Variation de stocks	30,0	7,0	−20,3	−0,7
Services	30,0	30,0	30,0	30,0
Rémunération	170,0	170,0	170,0	170,0
Intérêts / emprunt	20,0	16,0	12,0	17,9
Dotation aux amortissements	75,0	90,0	97,5	97,5
Résultat courant avant impôt	−25,0	−90,2	−209,8	−197,3
Impôt sur les bénéfices	0,0	0,0	0,0	0,0
Résultat net comptable RNC	−25,0	−90,2	−209,8	−197,3

BILANS RÉELS

ACTIF	1992	1993	1994	1995
Immobilisations brutes	500,0	600,0	650,0	650,0
− amortissements	−75,0	−165,0	−262,5	−360,0
Immobilisations nettes	425,0	435,0	387,5	290,0
Stocks	80,0	87,0	66,7	66,0
Clients	240,0	250,6	220,8	218,6
Disponibilités	5,0	5,0	5,0	5,0
Total	750,0	777,6	680,0	579,6

PASSIF	1992	1993	1994	1995
Capital	400,0	400,0	400,0	400,0
Report + Réserves	0,0	–25,0	–115,2	–325,0
Résultat	–25,0	–90,2	–209,8	–197,3
Emprunt	160,0	120,0	170,0	100,0
Fournisseurs	144,0	156,6	120,0	118,8
Découverts	71,0	216,2	315,0	483,1
Total	750,0	777,6	680,0	579,6

M. Danlheau, qui vient de céder sa société à un groupe de distribution régional, aimerait, comme il le dit lui-même, *« comprendre ce qu'il s'est passé »*... Il sollicite votre appui à cette fin.

1. Pouvez-vous faire un premier diagnostic à partir des quelques informations dont vous disposez ? Quelle est la situation actuelle de Debaeck-Danlheau ? Sur quels postes portent les écarts entre les réalisations et les prévisions ? Quelle peut être l'origine de ces écarts ?

2. Vous savez calculer la variation de trésorerie de l'entreprise directement à partir du bilan. Vous devez maintenant vous livrer à un exercice difficile consistant à reconstituer les origines de la variation de la trésorerie...
- calculez le résultat réellement encaissable ;
- prenez en compte l'impact des investissements sur les flux de trésorerie, ainsi que celui des variations de dettes financières ;
- n'oubliez pas que la variation des postes de Stocks, Clients et Fournisseurs a aussi un effet sur la trésore-

rie ;
- le cas échéant tenez compte des augmentations de capital et des versements de dividendes...

Corrigé de l'application n° 6

1. A l'évidence, la situation de Debaeck-Danlheau est compromise. Le résultat net (affecté ici par aucune manipulation comptable) est toujours négatif. Si un déficit est normal en début d'exploitation, en l'occurrence les pertes persistent et s'aggravent. En 1995, les pertes cumulées sont supérieures au capital apporté... La trésorerie de l'entreprise n'a également pas cessé de se dégrader.

	1992	1993	1994	1995
Disponibilité	5,0	5,0	5,0	5,0
– Découverts	–71,0	–216,2	–315,0	–483,1
= Trésorerie nette	–66,0	–211,2	–310,0	–478,1

Les prévisions ont été démenties en plusieurs points.
- <u>Un problème de volume.</u> Loin d'augmenter régulièrement, les ventes ont décliné dès 1994. On peut imaginer que l'installation d'un concurrent a entraîné le ralentissement de l'activité.
- <u>Un problème de marge.</u> Ce concurrent n'a pas seulement détourné de la clientèle, il a fait pression sur les prix, de sorte que le tassement du chiffre d'affaires de Debaeck-Danlheau est aussi imputable à une politique de « prix cassés » qui lui a été imposée.
- <u>Un problème d'encaissement.</u> De même, l'intensité de la concurrence a amené l'entreprise à consentir des délais de règlement plus importants aux clients comme argument de vente : du même coup les rentrées de

caisse ont été différées, accroissant ainsi la tension sur la trésorerie.
- Un problème de financement et d'investissement. L'entreprise avait calculé au plus juste ses investissements. Le montage prévu reposait sur un financement très serré, et l'entreprise n'avait pas de marges financières lui permettant de faire face à une situation plus difficile que prévu. Les premières difficultés commerciales se sont immédiatement traduites par une nette détérioration de la trésorerie.

2. La variation de la trésorerie est développée dans le tableau ci-après.

Le résultat net comptable est réduit du montant des dotations aux amortissements. Celles-ci sont des écritures comptables qui n'entraînent aucun décaissement : il convient donc de les rajouter au RNC pour obtenir un résultat encaissable. Celui-ci donne le potentiel de recettes imputables à l'exploitation de l'entreprise (cf. page 149).

Mais entre ce potentiel et la réalité, il y a deux différences. La première est que les variations de stocks (intégrées au calcul du résultat) ne correspondent pas à des flux monétaires de l'exercice. Par exemple, une diminution de stocks de marchandises indique qu'on a prélevé sur des stocks déjà constitués : la dépense a eu lieu antérieurement à l'exercice en cours. La seconde source de différence entre « encaissable » et « encaissé » est due au crédit accordé aux clients ou obtenu de la part des fournisseurs : si le crédit accordé augmente, les recettes sont différées, c'est un « moins » pour la trésorerie ; si le crédit obtenu augmente, les dépenses sont retardées, c'est un « plus » pour la trésorerie. L'augmentation de « Clients » (ou la diminution de « Fournisseurs ») entraînent une baisse de la trésorerie, à l'inverse une diminution de « clients » (ou la hausse de « Fournisseurs ») induisent une augmentation de la trésorerie (cf. page 141).

Quand on a calculé le flux encaissé tiré de l'exploitation, il reste à prendre en compte les opérations qui n'apparaissent pas au Résultat mais qui affectent la trésorerie. Ce sont les opérations du haut de bilan : augmentation de capital, endettement/désendettement, versement de dividendes, investissements.

	1992	1993	1994	1995
Résultat net comptable	−25,0	−90,2	−209,8	−197,3
+ Dotation aux amortissements	75,0	90,0	97,5	97,5
= Résultat encaissable	50,0	−0,2	−112,3	−99,8
− Variation de Stocks	−30,0	−7,0	20,3	0,7
− Variation de Clients	−240,0	−10,6	29,8	2,2
+ Variation de Fournisseurs	144,0	12,6	−36,6	−1,2
= Flux encaissé	−76,0	−5,2	−98,8	−98,1
− Dette remboursée	−40,0	−40,0	−40,0	−70,0
+ Dette contractée			90,0	
− Investissements	0,0	−100,0	−50,0	0,0
− Dividendes	0,0	0,0	0,0	0,0
= Variation de trésorerie	−116,0	−145,2	−98,8	−168,1
Trésorerie nette début	50,0	−66,0	−211,2	−310,0
Trésorerie nette finale	−66,0	−211,2	−310,0	−478,1

On peut remarquer que :
- il y a deux investissements, de 100 en 1993 et de 50 en 1994 ;
- le premier emprunt diminuant de 40 tous les ans a été relayé par un second emprunt de 90 en 1994, remboursable par tranche annuelle de 30 ;
- le résultat étant toujours négatif, il n'y a pas de distribution de dividendes.

ÉTAPE VII

PERFECTIONNEMENT...

ÉTAPE VII

PERFECTIONNEMENT...

QUESTIONS

☐ **1.** Le capital libéré peut-il quitter l'entreprise en échappant à l'impôt sur les plus-values ? Rappelez les étapes comptables de la constitution d'une société de capitaux.

☐ **2.** Peut-on trouver un poste « capital » à l'actif ?

☐ **3.** Pour calculer le chiffre d'affaires d'un groupe formé d'une société-mère et d'une filiale, peut-on additionner les chiffres d'affaires des deux sociétés ? Peut-on faire de même pour la valeur ajoutée ? Prenez un exemple.

☐ **4.** Le niveau des stocks peut-il dépendre des conditions de règlement accordées par les fournisseurs ? Et des conditions accordées aux clients ?

☐ **5.** Peut-on savoir d'après ses comptes si une filiale bénéficie d'un prêt d'une autre société de son groupe ?

☐ **6.** Les changements de tarifs pratiqués entre filiales affectent-ils le résultat global du groupe ?

☐ **7.** Qu'est-ce qui justifie la distinction entre « capitaux propres » et « situation nette » ?

☐ **8.** La « quote-part du résultat sur les opérations faites en commun » désigne-t-elle le montant des redevances versées à la société-mère ?

☐ **9.** Un résultat déficitaire peut-il être reporté sur un bénéfice ultérieur, et dans quel but ? En est-il de même sur un bénéfice antérieur ? Prenez un exemple.

☐ **10.** Pour l'acquisition d'une immobilisation, on a le choix entre les solutions suivantes de financement :
- achat financé à moitié par fonds propres et à moitié par emprunt remboursable par annuités ;
- recours au crédit-bail.
Quelle est l'incidence de chacune de ces solutions sur le résultat ?

☐ **11.** Peut-on dire que l'affacturage, c'est comme l'escompte, mais auprès d'un organisme spécialisé non bancaire ?

☐ **12.** La prime de remboursement est-elle un dédommagement versé à l'entreprise par des fournisseurs indélicats ?

☐ **13.** Dans le bilan, où retrouve-t-on la trésorerie selon qu'elle est positive ou négative ?

☐ **14.** Au 1er janvier N, l'entreprise reçoit une subvention d'investissement égale à un tiers d'un investissement de 12 000 amortissable en 4 ans. Comment peut-on enregistrer cette subvention ?

☐ **15.** Dites si les assertions suivantes sont justes ou fausses :
« Le tableau de financement est obligatoire. »
« La recommandation faite par le PCG s'impose aux grandes firmes. »
« La liasse fiscale contient obligatoirement le tableau de financement. »

☐ **16.** Rentabilité économique et rentabilité financière sont-elles synonymes ?

☐ **17.** La notion d'excédent brut d'exploitation désigne-t-elle les dépassements de quotas de production agricole fixés par l'Union européenne ?

☐ **18.** Quels sont les trois types de transferts de charge ?

☐ **19.** Le besoin en fonds de roulement est-il le niveau minimal d'avoir en compte exigé par la banque ?

☐ **20.** Quelle est l'incidence fiscale d'un amortissement sur un an ? sur la durée de vie de l'immobilisation ?

ÉTAPE VII

PERFECTIONNEMENT...

RÉPONSES

1. Cette question est un non-sens... Le capital libéré ne « quitte » pas l'entreprise ! Les étapes de l'apport en capital à la constitution d'une société sont les suivantes :
- la *souscription* est l'engagement de souscription des actionnaires ;
- la *libération* est l'appel de fonds, la levée des fonds pouvant être étalée dans le temps. Les actions doivent être libérées au moins du quart à la souscription et le reste avant 5 ans à partir de l'enregistrement de la société. Les actions rémunérant des apports en nature doivent être intégralement libérées à la constitution de la société ;
- le *versement* par les actionnaires termine la procédure.

Le comptable enregistre chaque étape en opérant des virements d'un sous-compte de capital dans l'autre.

Les souscriptions entièrement libérées sont d'abord

enregistrées dans le compte « capital souscrit, appelé, non versé », puis virées en « capital souscrit, appelé, versé » au moment du versement. Quant à la fraction des apports non libérés, elle est enregistrée en « capital souscrit non appelé ».

2. En effet, il figure, en première ligne de l'actif, un poste « capital », qui représente une créance de l'entreprise sur ses actionnaires, pour les actions souscrites et non libérées. Son intitulé est « capital souscrit non appelé » : il s'agit du capital que les actionnaires se sont engagés à souscrire mais qui n'a pas encore été « levé ». Ce poste vient donc compenser partiellement le montant enregistré au capital social, dans le passif.

Par exemple, une société anonyme au capital de 280 000 F libère son capital par fractions d'un quart chaque année. La première ligne de ses bilans successifs au cours des 4 premiers exercices se présentera ainsi :

	ACTIF	PASSIF
ANNÉE	Capital souscrit non appelé	Capital social
1	210 000	280 000
2	140 000	280 000
3	70 000	280 000
4	0	280 000

3. Le chiffre d'affaires d'un groupe n'est pas la somme des chiffres d'affaires de ses composantes. En effet, il peut y avoir des ventes d'une société du groupe à une autre : additionner leurs chiffres d'affaires reviendrait à compter deux fois le montant des ventes intra-groupe. En revanche, les valeurs ajoutées par diverses sociétés peuvent s'additionner. Rappelons que : valeur ajoutée = chiffre d'affaires - consommations externes.

Soit l'exemple d'un groupe composé de deux sociétés, dont l'une (la société A) vend toute sa production, à la société B, qui n'a pas d'autre fournisseur. Tout le chiffre d'affaires de A « passe » en consommations externes de B.

	A	B	Groupe (A + B)
Chiffre d'affaires	100	150	150
Consommations	60	100	60
Valeur ajoutée	40	50	90

4. Le niveau des stocks de matières ou de marchandises peut évidemment dépendre des conditions de règlement accordées par les fournisseurs : plus les délais que ceux-ci accordent sont longs, moins le besoin de financement des stocks est élevé ; tant que la marchandises stockée n'est pas payée, l'entreprise n'a pas besoin de trouver des ressources pour financer ce stock. Elle doit cependant supporter un coût de gestion du stock (locaux, gardiennage, assurance, etc.).

De même, le niveau des stocks de produits finis peut dépendre des conditions accordées aux clients. Par exemple, l'allongement des délais clients peut contribuer à améliorer les ventes et à écouler des stocks excessifs.

5. Si une filiale bénéficie d'un prêt d'une autre société de son groupe, il convient d'en chercher la trace dans les dettes. Cependant, les dettes auprès des associés ou du groupe ne sont pas distinguées dans le bilan, elles ne sont détaillées que dans l'annexe, en particulier dans la liasse fiscale.

6. Les changements de tarifs pratiqués entre filiales affectent le résultat de chacune des filiales : si A vend plus cher à B, toutes choses égales par ailleurs, le résultat de A augmentera et celui de B diminuera. Mais, ceci n'aura pas d'incidence sur le résultat global du groupe.

7. La situation nette représente la valeur comptable de l'entreprise, et il existe une différence entre « capitaux propres » et « situation nette » :

Situation nette = capitaux propres - subvention d'investissement - provisions réglementées.

La différence entre les deux notions est d'origine fiscale. En effet, les deux postes de subvention d'investissement et de provisions réglementées inclus dans les capitaux propres donnent lieu à des réintégrations dans les produits, donc dans le résultat fiscal. Ces deux postes sont source de charges fiscales qui amoindrissent la situation nette. C'est pourquoi ils sont soustraits des capitaux propres pour évaluer la situation nette. Il faut reconnaître que la différence entre les deux notions représente souvent un montant négligeable.

8. Le montant des redevances versées à la société-mère (par exemple au titre de l'utilisation d'une marque ou d'une licence de fabrication) figurerait en « autres produits d'exploitation ».

Tel n'est pas le cas de la « quote-part du résultat sur les opérations faites en commun ». Celle-ci résulte de la répartition entre plusieurs sociétés d'un résultat qui a été enregistré chez une seule d'entre elles. Le cas se présente quand plusieurs sociétés joignent leurs efforts au sein d'une dite « société en participation » : celle-ci n'ayant pas de statut, les opérations faites en son nom ne peuvent être enregistrées que dans les comptes d'une des sociétés associées.

- La société gérante qui tient les comptes « communs » devra donc transférer à ses partenaires des quotes-parts de bénéfice (ce sera pour elle une charge) ou des quotes-parts de perte (ce sera pour elle un produit).
- Les autres sociétés partenaires recevront une quote-part de bénéfice (produit) ou une quote-part de perte (perte).

La quote-part est un produit pour le gérant en cas de perte transférée, pour les autres partenaires en cas de bénéfice reçu.

La quote-part est une charge pour le gérant en cas de bénéfice transféré, pour les autres partenaires en cas de perte reçue.

Exemples :
Ecriture chez le gérant d'un bénéfice transféré ou, chez les autres partenaires, d'une perte partagée :

65 Quote-part	45 Dettes Associés
50	50

Ecriture chez le gérant d'une perte transférée ou, chez les autres partenaires, d'un bénéfice partagé :

75 Quote-part	45 Créances Associés
50	50

9. Un résultat déficitaire peut être reporté sur un bénéfice ultérieur (report en avant), ou sur un bénéfice antérieur (report en arrière), pour une même raison fiscale (le taux de l'IS est de 33 1/3 %).

	N-1	N	N+1
Résultat fiscal	30	-9	12
IS sans report	10	0	4

Report en arrière : l'imputation du résultat fiscal de N sur celui de l'exercice N-1 fait apparaître une base fiscale de 21 (=30 - 9), à laquelle correspond un impôt de 7. L'entreprise bénéficie donc en N d'un crédit d'impôt de 3, égal à la différence entre 10 (IS effectivement payé en N-1) et 7 (IS sur le résultat fiscal consolidé de N-1 et N). Il apparaîtra donc un impôt négatif de -3 dans les charges de l'exercice N.

Report en avant : l'imputation du déficit fiscal de N sur l'exercice N+1 dégage un solde net de 3, auquel correspond un IS de 1. C'est ce montant de 1 qui sera comptabilisé en charge de N+1, et non le montant de 4.

10. Le financement d'une immobilisation par emprunt se traduit dans le résultat par une dotation aux amortissements d'une part, par des frais financiers d'autre part. Le recours au crédit-bail se reflète dans le résultat par une redevance de crédit-bail (en autres charges externes) ; il n'y a pas de dotation aux amortissements, car le bien n'est pas enregistré dans les immobilisations de l'entreprise.

11. L'affacturage est un contrat de cession des créances commerciales. Comme l'escompte, l'affacturage permet de mobiliser une créance, c'est-à-dire d'encaisser celle-ci avant son échéance. Mais l'affacturage présente plusieurs différences avec l'escompte.
- La société d'affacturage (le « factor ») devient propriétaire des créances, celles-ci pouvant être de simples factures, pas nécessairement des effets de commerce.
- Elle assure le risque d'impayé, sans se retourner contre le cédant, en cas de défaillance du débiteur.
- Le contrat d'affacturage inclut en général une prestation de service de gestion du fichier clients de la société cédante.
- Il s'ensuit que l'affacturage présente un coût sensiblement plus élevé que l'escompte.

12. Non, la prime de remboursement n'est pas une créance de l'entreprise sur des fournisseurs indélicats. Elle mesure la différence entre le montant nominal d'un emprunt obligataire et sa valeur de remboursement à l'échéance. Par exemple, une obligation émise 5 000, remboursable 5 200, sera enregistrée ainsi :

51 Banque	16 Emprunt	16 Prime de remboursement
5 000	5 200	200

Le compte de prime de remboursement, *de solde débiteur*, figure en bas de l'actif du bilan. Cette prime est amortie sur la durée de l'emprunt.

13. Le compte « Banque », quand il est à découvert, représente une dette de l'entreprise à l'égard de sa banque ; il figure alors au passif. L'entreprise peut avoir simultanément une trésorerie d'actif et une trésorerie de passif. On calculera ainsi sa trésorerie nette :

Valeurs mobilières de placement + Disponibilités - Concours bancaires courants (découverts).

Une évaluation prudente de la trésorerie conduit à soustraire également de la trésorerie nette le montant des « effets escomptés non échus » : en effet, tant que les effets de commerce escomptés ne sont pas arrivés à échéance, il subsiste un risque d'impayé supporté non par la banque d'escompte, mais par l'entreprise cédante.

14. L'entreprise peut opter entre deux solutions.

1ʳᵉ solution : enregistrer la subvention en produits exceptionnels pour sa totalité sur l'exercice N.

77 Produits exceptionnels	44 Etat, collectivités
4 000	4 000

2ᵉ solution : enregistrer la subvention en ressource au passif, puis la virer par fractions annuelles au compte de résultat. Sachant que la dotation annuelle aux amortissements de l'acquisition est de 3 000 (12 000/4) et que la subvention couvre 1/3 de cet investissement, on pourra virer au résultat 1/3 x 3 000 = 1 000 par exercice. Et la subvention de 4 000 aura ainsi été virée en totalité en 4 ans.

Début N

13 Subvention	44 Etat, collectivités
4 000	4 000

De fin N à fin N+3

13 Subvention	77 Produits exceptionnels
1 000	1 000

15. La publication du tableau de financement n'est pas obligatoire.

Les recommandations faites par le PCG ne s'imposent pas absolument aux grandes firmes.

La liasse fiscale ne contient pas de tableau de financement.

16. La rentabilité mesure le rapport entre un revenu d'une part et un ensemble de moyens à l'origine de ce revenu d'autre part.

La rentabilité économique s'entend comme la rentabilité d'une combinaison de moyens de production, indépendamment de la façon dont ces moyens sont financés. Ainsi, elle n'est pas affectée par l'existence ou non de frais financiers. Elle est mesurable par le ratio suivant : Résultat d'exploitation /Actif net.

La rentabilité financière est celle de l'actionnaire. Elle dépend du résultat net d'une part, des capitaux avancés par l'actionnaire d'autre part. Elle peut être évaluée par le ratio suivant : Résultat net /Capitaux propres.

17. L'excédent brut d'exploitation (EBE) n'a rien à voir avec les dépassements de quotas agricoles... Il s'agit d'un solde intermédiaire de gestion correspondant globalement à la part de la valeur ajoutée rémunérant les actionnaires, les banques et l'Etat (au titre de l'impôt sur les sociétés). Plus précisément, sur la base des définitions du PCG, on aura : EBE = Valeur ajoutée (+ subventions d'exploitation éventuelles) - impôts et taxes - salaires et charges sociales.

L'EBE est un résultat dépendant des seules conditions d'exploitation ; il est donc révélateur des capacités propres de l'entreprise à dégager du résultat. En outre l'EBE est indépendant du niveau des dotations et reprises d'amortissements et provisions ; il n'est donc pas affecté par les politiques comptables des entreprises.

18.

- *Transferts de charge à charge* : le compte de transfert sert à virer une charge d'un compte de charge à un autre compte de charge ; il s'agira par exemple de faire un transfert depuis les charges d'exploitation vers les charges exceptionnelles, dans le but de « redresser » le résultat d'exploitation. Par exemple :

61 Charges d'exploitation	67 Charges exceptionnelles	79 Transferts de charges (exploitation)
S.*200*	200	200

- *Transferts de charge à immobilisation* : il s'agit de transformer un certain montant de charges déjà enregistrées en immobilisations.

6 Charge X	48 Charges à répartir sur plusieurs exercices	79 Transferts de charges (exploitation)
S.*500*	500	500

- *Transferts de charge à créance* : l'objectif est de constater une créance sur un tiers à qui il revient de supporter la charge constatée dans les comptes de l'entreprise. Cette charge lui est donc transférée.

6 Charge X	4 Créance	79 Transferts de charges (exploitation)
S.*70*	70	70

Remarque : parmi les trois écritures de transferts de charges, les deux premières ne correspondent qu'à des virements comptables ; seule la troisième donne lieu à des flux financiers (au règlement de la créance).

19. Non ! Le besoin en fonds de roulement n'est pas un niveau plancher d'encaisse... Le BFR désigne le montant des actifs circulants (stocks, créances à court terme) qui n'est pas couvert par les dettes circulantes : il existe ainsi un montant permanent d'actifs ayant une durée de vie courte mais dont le renouvellement crée un besoin de financement permanent. D'un point de vue financier, le BFR représente donc un investissement au même titre que l'acquisition d'immobilisations : il convient de trouver des ressources durables pour le financer.
BFR = Stocks + Créances circulantes - Dettes circulants.

20. La dotation aux amortissements augmente les charges et diminue d'autant le résultat fiscal. Sachant que le taux de l'impôt sur les sociétés est de 33 1/3 % (soit un tiers), le gain fiscal annuel est équivalent à un tiers du montant de la dotation. Et sur la durée de vie de l'immobilisation, quand celle-ci est totalement amortie, l'économie d'IS réalisée représente un tiers de la valeur d'acquisition.

APPLICATION N° 7

Vous disposez des informations suivantes pour étudier l'évolution du besoin en fonds de roulement de la société (BFR). On retiendra ici une définition limitée du BFR :

BFR = Stocks + Clients − Fournisseurs

Il s'agit d'isoler les deux principaux facteurs influençant le niveau des stocks, des créances clients et des dettes fournisseurs : le facteur « activité » (toute croissance du CA entraîne mécaniquement une croissance des composantes du BFR) et le facteur « durée » (plus le délai de stockage, par exemple, est long, plus le montant du stock est élevé).

BILANS DE LA SA MOVAR (Aldo)

ACTIF	1992	1993	1994	1995
Immobilisations brutes	500	500	620	620
− amortissements	−340	−400	−500	−550
Immobilisations nettes	160	100	120	70
Stocks matières	135	189	213	236
Clients	300	360	405	405
Disponibilités	45	6	2	9
Total	640	655	740	720

PASSIF	1992	1993	1994	1995
Capital	150	150	150	265
Réserves	50	55	75	55
Résultat	10	20	−20	10
Emprunt	285	235	225	180
Fournisseurs	145	145	160	180
CBC*	0	50	150	30
Total	640	655	740	720

	1992	1993	1994	1995
Chiffre d'Affaires ht	1 457	1 457	1 638	1 638
Achats ht	972	972	1 090	1 214
Achats/C.A.	0.67	0,67	0.67	0.74

1. Vous commencerez donc par calculer des ratios de durée moyenne des stocks, des créances clients et des dettes fournisseurs.

Les stocks sont alimentés par le flux des achats : si un stock représente 40 fois le montant quotidien moyen des achats, on peut considérer que chaque article reste en moyenne 40 jours en stock.

Les créances clients proviennent des ventes : si un volume de créances est équivalent à 60 fois le montant d'un jour de ventes (TTC), alors une créance client « dure » en moyenne 60 jours.

Les dettes fournisseurs sont engendrées par les achats : si le poste des dettes est équivalent à 50 fois la valeur moyenne d'un jour d'achats (TTC), alors chaque dette a une durée de vie moyenne de 50 jours.

On suppose que les postes du bilan sont représentatifs du niveau moyen des encours tout au long de l'année, et on utilisera un taux de TVA arrondi à 20 %.

> Stocks / (Achats/360) = Stocks*360 / Achats
> Clients / (CA TTC/360) = Clients*360 / CA TTC
> Fournisseurs / (Achats TTC/360) = Fournisseurs*360 / Achats TTC

2. Observez l'évolution du montant des postes Stocks, Clients, Fournisseurs. Pouvez-vous identifier, pour chacun de ces postes et chaque année, la cause de leur évolution ?

3. Si les délais moyens constatés en 1992 n'avaient pas varié ultérieurement, les montants des postes de Stocks, Clients, Fournisseurs auraient évolué différemment.

Recalculez ces postes pour 1994 en appliquant à cette année-là les délais de 1992.

Présentez le bilan 1994 dans cette hypothèse de simulation, sans modifier le montant des disponibilités à l'actif.

En supposant que le coût des découverts est de 14 % l'an, quelle économie d'agios l'entreprise aurait-elle pu faire en 1994 si elle avait pu maintenir ses délais moyens au niveau de 1992 ?

Corrigé de l'application n° 7

1. Calcul des ratios de durée moyenne

	1992	1993	1994	1995
Stocks*360 / Achats	50	70	70	70
Clients*360 / CA TTC	62	74	74	74
Fournisseurs*360 / Achats TTC	45	45	44	44

2. Analyse des variations d'encours

Dans cet exemple, tous les encours augmentent d'une année sur l'autre, ou sont stables, mais aucun ne diminue.

1993. Il y a pour les stocks et les clients un dérapage des durées moyennes, alors que le chiffre d'affaires est stable : seule la durée explique donc l'augmentation des encours. Pour les fournisseurs, il y a stabilité cumulée des délais et de l'activité, le poste est donc constant.

1994. Les durées moyennes étant restées stables pour tous les postes, l'augmentation de ceux-ci n'est imputable qu'à la croissance.

1995. Ni le chiffre d'affaires ni la durée des créances n'ont augmenté, le poste Clients est donc stable.

L'année 1995 fait apparaître pour les Stocks comme pour les Fournisseurs un troisième facteur de variation qui n'est ni la durée ni la croissance. Il s'agit du poids relatif des achats : en dépit de la stagnation du CA, les achats ont augmenté (parce que les prix fournisseurs ont été relevés, ou parce que les produits consomment plus de matières). Dès lors, l'encours des stocks augmente aussi en valeur, de même que le montant des dettes fournisseurs.

	1993	1994	1995
Stocks*360 / Achats	Durée	Croissance	Achats
Clients*360 / CA TTC	Durée	Croissance	—
Fournisseurs*360 /Achats TTC	Croissance	Croissance	Achats

3. Simulation 1994 avec les durées moyennes de 1992

Rappelons les données nécessaires au calcul :

	1994
Achats HT	1 090
CA TTC	1 966
Achats TTC	1 308

	1992
Durée stocks	50
Durée clients	62
Durée fournisseurs	45

On cherche :
- le montant S des stocks tel que S* 360 / 1090 = 50, donc S = 151
- le montant C des créances clients tel que :
C* 360 / 1966 = 62, donc C = 338
- le montant F des dettes fournisseurs tel que :
F* 360 / 1308 = 45, donc F = 163

	1994 réel	1994 simulé	Ecart
Stocks	213	151	62
Clients	405	338	67
Fournisseurs	160	163	−3
BFR	458	326	132

On voit en reconstituant un bilan simulé et en « fixant » les disponibilités à 2 que l'équilibre s'établit grâce à la diminution des découverts (crédits bancaires) autorisés. La baisse du BFR se traduit par une amélioration de la trésorerie : l'écart de BFR de 132 est aussi égal à la différence de découverts 150 − 18.

ACTIF	1994 réel	1994 simulé
Immobilisations brutes	620	620
− amortissements	−500	−500
Immobilisations nettes	120	120
Stocks matières	213	151
Clients	405	338
Disponibilités	2	2
Total	740	611

PASSIF	1994 réel	1994 simulé
Capital	150	150
Réserves	75	75
Résultat	−20	−20
Emprunt	225	225
Fournisseurs	160	163
Découverts	150	18
Total	740	611

Une gestion plus serrée des délais moyens d'encours aurait permis de réduire les crédits de trésorerie et de faire l'économie des agios, soit 14 %* 132 = 18.

20 questions pour se détendre ...

1. L'annexe est le lieu de rendez-vous préféré des experts-comptables après une journée de travail : **vrai ou faux** ?
2. Les VMP sont des Véhicules Militaires de Patrouille : **vrai ou faux** ?
3. Le cash-flow (cache-flots) est le bastingage des navires de croisière : **vrai ou faux** ?
4. Les capitaux propres ne peuvent pas recycler d'argent sale : **vrai ou faux** ?
5. Les effets (de commerce) sont exclusivement vendus dans les magasins de confection masculine : **vrai ou faux** ?
6. Les amortissements doivent être changés tous les 4 ans sur les véhicules industriels : **vrai ou faux** ?
7. Le terme de « Caisse » désigne indistinctement le montant des espèces détenues par l'entreprise d'une part et la voiture de fonction du patron d'autre part : **vrai ou faux** ?
8. La Caisse d'Allocation Familiale (CAF) est fâchée avec l'autofinancement : **vrai ou faux** ?
9. Les « concours bancaires courants » désignent les épreuves de cross (à pied) réservées aux salariés des cinq plus grandes banques commerciales : **vrai ou faux** ?

10. De même que le capital augmente par émission d'actions, il convient « d'émettre des réserves » pour augmenter celles-ci (un cahier est obligatoirement tenu à cet effet) : **vrai ou faux** ?

11. Les « Disponibilités » recensent les plages horaires libres du P.-D.G. : **vrai ou faux** ?

12. La « balance des comptes » est le terme vulgaire employé pour désigner l'informateur du fisc au sein d'un service comptable d'entreprise : **vrai ou faux** ?

13. Un *débit de boissons* enregistre tous ses flux à gauche des comptes, tandis que les *établissements de crédit* inscrivent tous leurs flux à droite : **vrai ou faux** ?

14. La partie double ne remplace pas deux parties simples : **vrai ou faux** ?

15. Le poste « Services extérieurs » recouvre les charges afférentes aux missions de renseignement industriel à l'étranger : **vrai ou faux** ?

16. La « consolidation » des comptes désigne le renflouement de la trésorerie : **vrai ou faux** ?

17. Le « passif » est un homme qui manque de ressources : **vrai ou faux** ?

18. Le commissaire aux comptes est un officier de police judiciaire : **vrai ou faux** ?

19. L'exercice comptable doit être répété tous les jours pour être efficace : **vrai ou faux** ?

20. Un tiens vaut mieux que deux tu l'auras : **vrai ou faux** ?

INDEX

Les chiffres entre parenthèses renvoient aux étapes et aux questions correspondantes.

Actif	p. 15 (I.1), p. 19 (I.11), p. 37 (II.1/II.2)
Actions	p. 38 (II.6), p. 85 (IV.18)
Affacturage	p. 171 (VII.11)
Affectation du résultat	p. 41 (II.16), p. 83 (IV.10), p. 113 (V.19), p. 144 (VI.11)
Agios	p. 84 (IV.12)
Amortissement	p. 102 (V.5), p. 103 (V.6), p. 146 (VI.15), p. 176 (VII.20)
Annexe	p. 23 (I.17)
Approvisionnements	p. 58 (III.10)
Autres charges (d'exploitation)	p. 60 (III.15)
Autres produits (d'exploitation)	p. 60 (III.15)
Banque	p. 40 (II.11)
Bilan	p. 17 (I.7), p. 18 (I.8/I.9)
Capital	p. 40 (II.11), p. 41 (II.14), p. 83 (IV.8), p. 165 (VII.1)

Capitaux propres	p. 40 (II.12/II.13)
Cession	p. 85 (IV.15/IV.16)
Charges	p. 17 (I.6), p. 19 (I.11), p. 56 (III.3), p. 143 (VI.10)
Charges sociales	p. 59 (III.13), p. 82 (IV.6)
Charges à payer	p. 107 (V.11), p. 108 (V.12)
Charges à répartir	p. 110 (V.15)
Charges constatées d'avance	p. 111 (V.16), p. 112 (V.18)
Charges exceptionnelles sur opérations de gestion	p. 61 (III.18)
Charges exceptionnelles sur opérations en capital	p. 61 (III.18)
Chiffre d'affaires	p. 57 (III.5), p. 166 (VII.3)
Classes de comptes	p. 17 (I.5)
Comptes courants d'associés	p. 142 (VI.7)
Créances	p. 39 (II.9)
Crédit (d'un compte)	p. 19 (I.10)
Crédit-bail	p. 84 (IV.11), p. 148 (VI.18), p. 171 (VII.10)
Débit (d'un compte)	p. 19 (I.10)
Découvert	p. 40 (II.10)
Dettes	p. 42 (II.18/II.20)
Dettes financières	p. 42 (II.19), p. 147 (VI.16), p. 148 (VI.17)
Dividendes	p. 61 (III.16)
Dotations aux amortissements et provisions	p. 59 (III.12)
Effet de commerce	p. 82 (IV.3), p. 85 (IV.17)
Emprunt	p. 41 (II.14), p. 42 (II.19), p. 108 (V.13)
Escompte	p. 146 (VI.14), p. 171 (VII.11)
Expert-comptable	p. 24 (I.20)
Fournisseurs	p. 141 (VI.5)

Immobilisations	p. 17 (I.6), p. 37 (II.3), p. 38 (II.4)
Impôts et taxes	p. 59 (III.11)
Impôt sur les bénéfices	p. 59 (III.11)
Intérêts financiers	p. 60 (III.14), p. 108 (V.13)
Intérêts minoritaires	p. 173 (VII.14)
Investissements	p. 144 (VI.12)
Liasse fiscale	p. 139 (VI.1)
Livres	p. 23 (I.18)
Obligations	p. 140 (VI.4)
Partie double	p. 16 (I.4)
Passif	p. 19 (I.11), p. 37 (II.1/II.2)
Prime d'émission	p. 144 (VI.12)
Prime de remboursement	p. 172 (VII.12)
Principes comptables	p. 21 (I.14)
Production immobilisée	p. 57 (III.6)
Produits	p. 19 (I.11), p. 56 (III.3)
Produits à recevoir	p. 109 (V.14)
Produits constatés d'avance	p. 112 (V.17/V.18)
Produits des activités annexes	p. 58 (III.8)
Produits exceptionnels sur opérations de gestion	p. 61 (III.18)
Produits exceptionnels sur opérations en capital	p. 61 (III.18)
Provisions pour dépréciation d'actif	p. 101 (V.1), p. 105 (V.7), p. 106 (V.8/V.9)
Provisions pour risques et charges	p. 42 (II.17), p. 105 (V.7), p. 106 (V.8/V.9), p. 107 (V.10)
Quote-part du résultat	p. 169 (VII.8)
Régularisation	p. 111 (V.16)
Rentabilité	p. 174 (VII.16)
Report à nouveau	p. 83 (IV.10)
Report déficitaire	p. 170 (VII.9)
Réserves	p. 41 (II.15), p. 83 (IV.10)

Réserve légale	p. 83 (IV.10), p. 143 (VI.9)
Ressources	p. 16 (I.3)
Résultat (compte de)	p. 15 (I.2), p. 55 (III.2)
Résultat d'exploitation	p. 55 (III.2), p. 61 (III.19), p. 62 (III.20)
Résultat exceptionnel	p. 55 (III.2), p. 61 (III.18)
Résultat financier	p. 55 (III.2), p. 61 (III.19), p. 62 (III.20)
Résultat fiscal	p. 140 (VI.3)
Résultat net comptable	p. 20 (I.12/I.13), p. 22 (I.15), p. 55 (III.1), p. 61 (III.19), p. 62 (III.20), p. 113 (V.19), p. 114 (V.20), p. 149 (VI.19)
Salaires et traitements	p. 59 (III.13), p. 82 (IV.6)
Services extérieurs	p. 58 (III.9)
Situation nette	p. 168 (VII.7)
Stocks	p. 38 (II.5), p. 39 (II.7/II.8), p. 101 (V.2), p. 102 (V.3/V.4), p. 167 (VII.4)
Subvention d'exploitation	p. 58 (III.7), p. 83 (IV.9)
Subvention d'investissement	p. 173 (VII.14)
Titres de participation	p. 86 (IV.19)
Transferts de charges	p. 175 (VII.18)
Trésorerie	p. 20 (I.12), p. 172 (VII.13)
TVA	p. 61 (III.17), p. 86 (IV.20)

TABLE DES MATIÈRES

PRÉSENTATION 7

ÉTAPE I
LA MÉTHODE COMPTABLE 9

Questions 11
Réponses 15
Application n° 1 25
Corrigé 28

ÉTAPE II
LIRE LE BILAN 31

Questions 33
Réponses 37
Application n° 2 43
Corrigé 46

ÉTAPE III
LIRE LE RÉSULTAT 49

Questions 51
Réponses 55
Application n° 3 63
Corrigé 72

ÉTAPE IV
ENREGISTRER DES OPÉRATIONS SIMPLES 73

Questions 75
Réponses 79
Application n° 4 85
Corrigé 88

ÉTAPE V
CLORE LES COMPTES EN FIN D'EXERCICE 91

Questions 93
Réponses 99
Application n° 5 113
Corrigé 118

ÉTAPE VI
APPROFONDISSEMENT... 131

Questions 133
Réponses 137
Application n° 6 150
Corrigé 154

ÉTAPE VII
PERFECTIONNEMENT... 149

Questions 151
Réponses 155
Application n° 7 177
Corrigé 180

INDEX 171

IMPRIMÉ EN FRANCE PAR BRODARD ET TAUPIN
1924M-5 - Usine de La Flèche (Sarthe), le 25-08-1995

pour le compte des
Nouvelles Éditions Marabout
D.L. septembre 1995/0099/302
ISBN : 2-501-02228-2